KB199185

대통령님,
트럼프는 이렇게
다루셔야 합니다

불확실성을 넘어서는
새로운 경제 대전환 전략

HOW TO DEAL WITH

대통령님, 트럼프는 이렇게 다루셔야 합니다

DONALD TRUMP

제임스 정 지음

여의도 책방

추천사

미국이 되찾고 싶은 위대함을 과연 트럼프는 가져올 수 있을까? 이 책은 트럼프가 왜 세계의 판을 흔들고 있는지, 그 귀결점은 어디인지를 생각하게 하는 책이다.

◈ **박영선** 전 중소벤처기업부 장관

단숨에 읽었다. 저자의 구상이 매우 기발하고 대담하다. 트럼프와 협상 테이블에 앉기 전에 꼭 읽어야 할 책이다.
앞으로 세상이 어떻게 돌아갈지 궁금하면 한번 읽어보기 바란다. 암호화폐에 경직된 한국 정책 당국자들은 특히.

◈ **김성수** 전 국회의원

조만간 새로 뽑힐 대한민국 대통령이 미국 대통령 트럼프를 상대할 구체적 전략과 세계의 흐름을 날카롭게 해부했다. 포커판처럼 펼쳐지는 불확실한 세상 속, 트럼프라는 거대한 파도를 이해하고 넘어서는 지혜를 담았다. 읽고 나면 앞으로 펼쳐질 디지털 자산에 대한 통찰과, 그 너머의 인간적인 이야기들을 통해 미래를 보는 눈이 한층 더 밝아질 것이다.

◈ **장민** 포스텍 교수

기존의 틀을 깨는 혜안이 돋보이고, 전략적 통찰과 혁신적인 외교 전략이 담겼다. 단순한 가이드가 아닌, 트럼프처럼 복잡한 인물을 이해하고 상대하는 데 필요한 모든 것을 담은 최고의 참고서다. 국제 관계의 복잡한 지형을 헤쳐나가 과제를 엄청난 기회로 바꾸는 방법을 제시하며, 전통적인 정치 분석을 뛰어넘는 신선한 시각을 선사한다. 협상뿐만 아니라 미래지향적인 리더십을 위한 로드맵을 제시하는 필독서다.

◈ **오종욱** 웨이브릿지 대표

이 책은 트럼프식 협상의 본질을 날카롭게 통찰하며, 트럼프 내각의 전략을 정밀하게 분석함으로써 한국이 현재의 국제 정세 속에서 어떤 방향으로 나아가야 할지를 제시한다. 저자는 기존 달러 중심 체제의 한계를 짚고, 그 틈을 비집고 들어오는 비트코인과 스테이블코인 같은 디지털 자산이 미국의 전략 자산으로 편입될 수밖에 없는 이유를 설득력 있게 설명한다.

특히 스테이블코인은 법정 화폐와 가상 자산의 경계를 허물며, 글로벌 거래와 외교의 게임 판도를 바꿀 수 있는 강력한 수단으로 부각된다. 스테이블코인 등 가상 자산의 금융·경제 영역으로의 본격적인 침투는 트럼프 시대를 넘어 지속될 미국의 구조적 전략이기도 하다. 우리는 향후 전개될 가상 자산 시대를 살기 위해, 이 책에서 중장기적 인사이트를 얻을 수 있다.

◈ **강련호** 법무법인 세종 파트너 변호사

차례

시작하며

취임식 직후 비행기를 타세요

질문이 하나 있습니다. 대통령님, 포커 치시나요? 네, 카드요. 만약 포커나 고스톱을 즐기지 않으신다면 잠깐이라도 배우십시오. 앞으로 트럼프를 상대할 때 필요합니다. 트럼프는 겜블러입니다.

트럼프는 도박이나 술을 하지 않지만, 삶 자체가 겜블링입니다. 포커의 핵심 기술은 블러핑입니다. 뻥카죠. 내가 든 패가 좋거나 나쁘거나, 상대에겐 내 패가 좋은 것처럼 보이게 만들어야 합니다.

트럼프는 금수저를 물고 태어났지만 4번이나 파산했습니다. 하지만 결국 경제 정글에서 최고가 되었습니다. 무려 미국 대통령을 두 번째로 수행 중이죠. 누구나 어떤 조직에서 최고가 되었다는 것은 내공이 있다는 얘깁니다. 대통령님처럼요. 수많은 내부의 적을 물리치고, 외부의 적과 싸워 이긴 사람입니다.

트럼프는 감옥에도 갈 뻔했습니다. 트럼프가 대선에 다시 도전하려고 하자, 바이든 행정부가 움직였습니다. 사법 리스크를 만든 거죠. 경찰서에서 여느 범죄자들과 똑같이 머그샷을 찍었습니다. 얼굴 정면, 오른쪽 측면, 왼쪽 측면, 가슴에 자기 이름표를 들고 찍는 사진 말입니다. 트럼프는 1946년생입니다. 곧 여든 살이 됩니다. 눈을 부릅뜬 '노인'이 죄수복을 입는다고 생각해 보십시오. 두려웠을 겁니다. 트럼프는 피하지 않았습니다. 머그샷도 찍고, 법정에도 나가고, 그리고 승리했습니다.

트럼프는 자기한테 약점인 것을 강점으로 만들었습니다. 경찰서에서 찍은 머그샷은 암호화폐의 일종인 대체불가토큰(Non-Fungible Token, NFT)으로 만들어 팔았습니다. '탄압받는 정치인' 이미지는 티셔츠에 새겨지고, 머그컵에 새겨지고, 짧은 영상으로 만들어져 퍼져나갔습니다. 선거 운동을 하며 트럼프가 "파이트, 파이트, 파이트!(Fight, Fight, Fight!)"를 외칠 때마다, 지지자들은 그 머그샷을 떠올렸습니다.

트럼프는 지는 싸움은 안 합니다. 싸움을 걸기 전에 큰 틀에서 계산을 하고 들어갑니다. 내가 가진 패와 상대가 가진 패를 분석합니다. 트럼프는 약자에게 강하고, 강자에게는 더 강합니다. 상대가 총을 들었다면 미사일을 준비합니다. 상대가 미사일을 들었다면 핵폭탄을 준비합니다. "트럼프라면 미사일을 쏠 거야, 트럼프라면 핵폭탄이라도 터뜨릴 거야."라고 믿게 만듭니다. 트럼프는 미국 대통령이기 때

::

풀턴 카운티 경찰서에서 찍은 트럼프의 머그샷

문에 진짜 미사일과 핵폭탄이 있습니다. 그러나 실제로 이걸 쓰는 것은 이야기가 다릅니다. 트럼프이기 때문에 미사일도 쏘고, 핵폭탄도 쏠 수 있다고 상대가 믿게 만드는 것이 트럼프의 전략입니다. 도박판에서 그 누구도 "내 패는 뻥카야."라고 하지 않습니다. 타짜들은 "내 패는 네가 무엇을 상상하던, 그 이상이야."라고 합니다.

트럼프가 2025년 4월 2일 발표한 관세 정책이 그랬습니다. 트럼프가 관세, 관세, 관세를 부르짖은 것은 어제오늘 일이 아닙니다. 트럼프가 처음 집권한 2016년부터 같은 이야기를 했습니다. 당시 중국을 상대로 제1차 무역 전쟁을 했을 때 "트럼프라면 그럴 수 있어." 라고들 했습니다. 트럼프가 이번에 상호관세를 들고 나왔을 때 "트럼프라면 충분히 그럴 수 있어."라고들 했습니다.

월가에서는 대략 10퍼센트 관세를 물리겠지 예상했습니다. 트럼프는 대통령에 취임하자마자, 캐나다와 멕시코를 상대로 관세 미사일을 테스트했습니다. 중국에도 마약 관련 약품(펜타닐)이 미국으로 넘어오는 것을 차단하라며 이미 20퍼센트 관세를 때린 상태였습니다. 따라서 10퍼센트 정도 상호 관계를 더 매긴다고 해도 놀라운 일은 아니었습니다. 트럼프는 자신의 패가 그것보다 더 강력하다는 것을 보여줬습니다. 중국에 34퍼센트, 한국에 25퍼센트 관세를 때렸습니다. 대략 170여 개 국가에 무자비한 관세 미사일을 쐈습니다.

중국은 이미 20퍼센트 관세를 맞은 상태라, 합쳐서 54퍼센트 관세를 부과받았습니다. 중국이 반발하며 미국에 보복 관세를 물리자,

50퍼센트 더 얻었습니다. 중국은 다시 보복했고, 트럼프는 총 145퍼센트의 상호관세를 먹였습니다. 이대로는 중국 제품이 미국에 못 들어옵니다. "트럼프라면 그럴 수 있어."라고 생각했던 월가조차도 145퍼센트 관세에 화들짝 놀랐습니다. 예측은 완전히 빗나갔습니다. 트럼프는 핵폭탄이 아니라 더한 것도 터뜨릴 수 있다고 믿게 함으로써 중국과 다른 모든 나라들과의 관세 협상에서 주도권을 쥐었습니다. 결국 미국과 중국은 상호 보복을 멈추고 2025년 5월 스위스 제네바에서 회담을 가졌는데요. 마라톤 협상 끝에 미국은 대중국 관세를 30퍼센트로, 중국은 대미국 관세를 10퍼센트로 내렸습니다. 일단 세게 지르고 협상으로 낮추는 전략을 취한 겁니다.

취임식 직후 일단 비행기를 타세요

대통령님, 할 수만 있다면 취임 선서 후에 바로 미국으로 가십시오. 일단 비행기를 타십시오. 비행기 안에서 면담 약속을 잡고, 브리핑을 받으시는 한이 있더라도, 곧바로 워싱턴으로 가십시오.

트럼프는 게임을 게임답게 할 수 있는 상대를 좋아합니다. 게임은 예측이 깨질 때 재미있습니다. 한국의 신임 대통령이 취임 선서를 하자마자 비행기를 타고 태평양을 건넌다고 하면 "허, 이 선수 봐라. 빠른데."라고 할 겁니다. 국격, 의전, 외교 관례 이런 거 다 필요 없습니다. 관세율을 1퍼센트라도 더 낮출 수 있다면 춤인들 못 추고, 노래인들 못하겠습니까. 트럼프를 상대하려면 그의 예상을 깨야만 합니다.

게임은 거두절미 재밌어야 합니다. 트럼프는 재밌는 사람을 좋아합니다. 재미를 추구합니다. 내일모레 여든이 되는 트럼프가 '개인적으로' 무엇을 더 바라겠습니까. 트럼프가 틈만 나면 하는 말이 있습니다. "푸틴은 내 친구다. 시진핑은 내 친구다. 김정은과 나는 사이가 좋다." 트럼프는 약자에게 강하고, 강자에게는 더 강하다고 앞서 말씀드렸습니다. "나 트럼프가 푸틴을 상대해 주겠다. 나 트럼프가 시진핑을 상대해 주겠다. 나 트럼프가 정은이를 말랑말랑하게 만들어 주겠다." 이게 트럼프의 재미입니다.

국가 지도자가 나라의 일을 재미로만 하느냐고요? 대통령님. 한 가지 여쭤보겠습니다. 지금 그 자리에 오르기까지 여정을 돌아보시고 말씀해 주십시오. 대통령님의 정치 여정이 혹시 승부 아니었나요? 승부에서 이겼을 때의 쾌감, 도파민이 대통령님의 오늘을 만든 게 아니었나요? 대통령님도 정치가 거대한 게임이라는 것은 동의하실 수밖에 없을 겁니다. 게임의 결과가 수많은 국민들의 삶을 바꿔놓습니다. 게임을 잘하는 지도자가 필요한 이유입니다.

승부가 너무 쉬우면 재미가 없습니다. 도파민이 생성되지 않습니다. 맞서 싸워볼 만한 상대가 있어야 게임할 맛이 납니다. 트럼프는 그런 상대를 친구라고 부릅니다. 트럼프의 친구가 되십시오. 그 앞에서 노래하고, 춤추고, 내기 골프를 치는 게 친구가 아닙니다. "게임을 해볼 만하다. 재밌는 승부를 해볼 만하다."고 느껴지게 해야 합니다.

그렇다고 젤렌스키처럼 하면 안 됩니다.

우크라이나 대통령 젤렌스키가 백악관에서 망신당한 것을 보셨는지요? 젤렌스키는 러시아-우크라이나 전쟁을 '가치 전쟁'이라고 했습니다. 미국이 그 가치를 지키기 위해 자신과 같이 싸워야 한다고 했습니다. 트럼프가 보는 가치는 따로 있었습니다. 우크라이나의 광물입니다. 젤렌스키는 미국과 광물 협정을 맺기 전에 미국에게 다짐을 받고 싶어 했습니다. 러시아와 휴전을 해도 좋은데 미국이 우리 편이라는 것을 문서로 써달라고 했습니다. 약속을 받으려 했습니다. 그러면서 자유, 정의 이런 이야기를 했습니다. 트럼프가 면전에서 화를 냈습니다. "이 전쟁은 너와 유럽과 푸틴의 전쟁이지, 미국의 전쟁이 아냐! 내가 벌인 전쟁이 아니라고."

젤렌스키는 트럼프 앞에서 강한 척했습니다. 트럼프에게 가치를 가르치려 했습니다. 젤렌스키는 게임을 해야 했습니다. 트럼프는 단 하나의 가치만 생각합니다. 돈입니다. 우크라이나 전쟁에 미국이 쏟아부은 돈은 미국 납세자의 돈입니다. 광물 협정을 맺고, 광물을 팔아서 미국이 쓴 돈을 벌충하는 게 트럼프에게는 가장 중요한 게임이었습니다. 그런 게임을 하는데 가치라니요. 트럼프가 버럭 할 수밖에요. 이익 배분을 어떻게 할 거냐, 미국이 광물을 개발하는 대신 다른 합작 사업은 뭐냐, 이런 걸 이야기했다면 트럼프와 젤렌스키는 주거니 받거니 게임을 할 수 있었을 겁니다. 미국을 우크라이나의 사업 상대로 만들면, 그 자체로 국가 안보에 도움이 됩니다. 미국의 이익이 우크라이나의 이익이니까요. 러시아가 미국이 벌이는 사업 현장에 미사일을 쏠 수 있나요?

젤렌스키가 휴전과 광물 협정을 사업으로 대했다면, 대대적인 환대까지는 아니어도 문전박대를 당하지는 않았을 겁니다. 아마도 젤렌스키의 정치적 이해관계 때문에 잘못된 전략을 쓴 거겠죠. 이대로 휴전이 되면 우크라이나 차기 대통령 선거에서 자신이 다시 대통령이 되기 어렵다고 판단한 것 같습니다. "미국이 서면으로 우크라이나 안전을 보장해 줬다."는 정치적 업적을 가지고 귀국하고 싶었을 겁니다. 트럼프의 게임과 젤렌스키의 게임이 이렇게 달랐으니, 파토가 날 수밖에요.

트럼프와 동일한 게임을

트럼프와 같은 게임을 해야 합니다. 트럼프의 이해관계가 무엇인지 알고, 그 게임에 먼저 참여해야 합니다. 그 다음에 대통령님의 게임을 하자고 트럼프를 '꼬셔내야' 합니다. 트럼프가 가장 중시하는 것, 그에게 이득이 되는 게임에서는 져도 괜찮습니다. 미국이 원하는 것을 주고, 우리가 원하는 것을 받아오기만 하면 됩니다.

트럼프는 미국 역사상 최초의 '사업 대통령'입니다. 트럼프 가문은 공적 권력을 활용해서 온갖 사업을 합니다. 트럼프는 성경도 팔았습니다. 자신의 친필 사인이 들어간 성경책을 돈 받고 팔았습니다. 선거 자금으로 썼습니다. 성경을 따르고, 보수적인 정책을 지지하는 유권자들은 트럼프의 사인이 들어간 성경책을 기꺼이 샀습니다. 종교적 신앙심과 정치적 신념이 일치하기 때문에 아무 문제가 없었습니다. 트럼프는 그걸 간파했습니다. 나의 이해와 공적인 이해가 같으면 정치적 파워가 생긴다. 이해관계를 일치시키는 것이 그래서 중요합니다. 개인, 조직, 국가의 이해관계를 일직선상에 나란히 놓을 수만 있다면 못할 일이 없습니다.

사람은 각자가 하나의 우주입니다. 다른 무엇보다 내가 중요합니다. 그 다음이 내가 속한 조직입니다. 조직은 '나'라는 우주를 위해 존재합니다. 내가 조직을 위해 존재하는 것이 아닙니다. 사람들의 속마음을 솔직히 말하겠습니다. '나는 사람에 충성하지 않듯이 조직에도 충성하지 않아. 나는 오직 나에게 충성해.' 조직의 대표로는 기업이 있습니다. 더 큰 조직으로는 국가를 생각할 수 있죠. 그런데 국가의 이익과 기업의 이익이 꼭 일치하라는 법도 없습니다. 대부분의 경우 기업은 국가의 시책을 따라가지만 정책이 기업을 위협하면 반항합니다. 필요하면 국가 정책을 바꾸려고 합니다. 더 극단적으로 가면 국가 권력 자체를 교체하려고 합니다. 트럼프는 각 단계의 이해관계를 어떻게 일치시키는지 잘 압니다. 시작은 사람들입니다. 개인 유권자를 공략합니다.

미국 민주당 정권하에서 유권자들은 '정치적 올바름(Political Correctness, PC)'을 강요받아 왔습니다. 차별 금지, 다양성, 평등 같은 진보적 가치를 중심에 놨습니다. 먹고사는 것에 별 문제가 없으면

PC는 잘 작동합니다. 그렇지만 듣기 좋은 이야기도 한두 번이지, 주구장창 같은 이야기를 듣는다 생각해 보십시오. 2020년 코로나 팬데믹에서 문제가 생깁니다. 일상이 힘들어집니다. 물가가 너무 올랐고, 좋은 일자리 잡기도 어렵습니다. 곳간에서 인심 난다고, PC를 이야기하는 진보 정치가들에게 유권자들은 싫증이 났습니다. "이민자들과 내가 일자리를 놓고 경쟁해야 하는데 다양성은 개뿔, 포용은 개뿔, 맨날 풀 뜯어 먹는 소리만 하고 있군."

트럼프는 PC 자체(가치)를 직접 부인하는 것이 아니라 PC를 중시하는 가치 정치를 공격합니다. "당신의 우주가 흔들리는데 그들(민주당)은 어디에 있나?"라며 표심을 공략합니다. "만약 당신이 환경 문제를 심각하게 생각하고, 이를 해결하기 위해 노력하고 있다면 그것은 존중한다. 그러나 기업들에게 탄소배출권을 사라고 법으로 강제하는 것이 맞나? 기업들 입장에서는 비용이 증가한다. 왜 그걸 강요하나?"

트럼프의 메시지는 기업들에게는 단비 같은 소식입니다. ESG(Environmental, Social, and Governance), 지속가능성장 등 경영 활동을 옥죄는 각종 캠페인, 시민 단체의 압박, 진보 시위대 등이 불편했던 기업들은 트럼프를 우호적으로 보게 됩니다. 그럼 환경주의를 버리는 것이 미국의 이익에도 도움이 될까요? 트럼프는 그게 미국의 이익이 되도록 만들었습니다.

"왜 유럽에는 미국산 자동차가 없나? 자동차 배기가스의 탄소 배출 기준은 보이지 않는 무역 장벽, 비관세 장벽이다."라고 치고 나갑니다. 문제의 RE100(유럽의 환경 규제 중 하나) 따위를 미국 기업에는 적용하지 말라며 유럽에 24퍼센트 상호관세를 때렸습니다. 트럼프는 불편함을 파고듭니다. 개인, 조직(기업), 국가의 이해관계를 일치시킴으로써 정치적 정당성을 확보합니다. 트럼프 본인이 그걸 실천합니다.

트럼프는 대선 선거 전략의 하나로 암호화폐 산업을 부흥시켜야 한다고 말했습니다. 메이드 인 유에스에이 비트코인(Made in USA Bitcoin), 즉 미국에서 비트코인을 모조리 다 채굴하자고 공공연하게 말했습니다. 코인 가격이 오르면 좋아할 청년 투자자들의 이해를 비트코인 채굴 기업으로 연결했습니다.

미국은 세계에서 비트코인을 가장 많이 채굴하는 나라입니다. 비트코인 채굴 기업들 다수가 뉴욕 증시에 상장되어 있습니다. 채굴 기업 대표들을 불러서 만찬을 하고, 선거 자금도 받았습니다. 트럼프는 코인 투자자, 채굴 기업의 이익을 국가 이익과 일치시키는 공약도 했습니다. "비트코인을 미국의 전략적 비축 자산으로 만들겠다."

트럼프는 2024년 7월 대선 기간 중 내슈빌에서 열린 비트코인 컨퍼런스 행사장에서 해당 공약을 발표했습니다. 현장에서 취재를 하던 저는 트럼프의 47분 연설 말미에 터진 이 공약에 환호성을 지르던 참가자들을 잊을 수가 없습니다. 코인 투자자들에게 트럼프는 이미 대통령이었습니다. 코인에 투자하지 않는 유권자들에게는 어땠을까요? 내슈빌 행사장까지 2시간이나 차를 몰아 왔다는 미국인과 잠깐 이야기를 나눴습니다.

"너 비트코인 투자해?"

"아니."

"근데 비트코인 행사에 왜 왔어?"

"트럼프가 온다길래. 난 트럼프 지지자야."

"트럼프가 비트코인을 국가 전략 자산으로 비축한다는 데 동의해?"

"국가 전략 비축 뭐? 그런 거 몰라. 그냥 트럼프가 좋아."

트럼프가 지난 대선에서 왜 이겼는지, 미국 민주당과 진보 진영이 열심히 분석을 했습니다. 내로라하는 정치학 교수, 경제학자, 정치 평론가들이 보고서를 썼습니다. 보고서 읽으실 필요 없습니다. 제가 만난 저 순진한(?) 미국 유권자의 말이 모든 것을 설명합니다. 트럼프는 개인, 기업, 국가 이익을 일치시켰습니다.

여기서 개인은 트럼프 본인이기도 합니다. 트럼프는 비트코인 채굴부터 코인 발행까지 거의 모든 암호화폐 사업을 하는 기업의 지분 60퍼센트를 가지고 있습니다. 트럼프의 장남, 차남, 막내아들이 코인 사업에 직간접적으로 관여합니다. 민주당에서는 길길이 뜁니다. 트럼프 대통령의 친 암호화폐 정책이 이해 상충을 일으키고, 대통령 개인의 이익을 위해 남용된다고 비판합니다. 트럼프는 아랑곳하지 않습니다. 자신만만합니다. 왜 그럴까요?

대통령님, 트럼프에게 암호화폐 사업을 제안하십시오

민주당 의원들 지역구에서도 코인 투자로 재미를 본 사람들이 있습니다. 암호화폐 기업들로부터 정치 자금도 받습니다. 비트코인 채굴 사업은 돈이 됩니다. 채굴 기업을 유치하면 지역구에서 점수를 딸 수 있습니다. 친(親)암호화폐는 표가 됩니다. 민주당 의원들 중에서도 트럼프의 친암호화폐 정책을 지지하는 의원들이 많습니다. 민주당 의원 개인의 이해와 트럼프의 이해가 일치합니다. 트럼프는 자신의 암호화폐 정책과 암호화폐 사업을 눈치 보지 않고 밀어붙입니다. 트럼프는 지는 싸움은 하지 않습니다. 논란이 되는 싸움도 피하지 않습니다. 이해관계의 일치라는 원리를 이용하면 '계엄' 없이도 정적을 '계몽'할 수 있습니다. '탄핵'을 당할 일도 없습니다.

대통령님, 트럼프에게 암호화폐 사업을 제안하십시오. 트럼프 개인의 이해와 대한민국의 국가 이해를 일치시킬 수 있습니다. 제주도에는 쓰고 남는 전기가 꽤 있습니다. 유휴 전력을 육지로 보내려면 해저 케이블을 깔아야 합니다. 전선 까는 데 돈이 많이 듭니다. 배보다 배꼽이 큽니다. 남는 전기로 비트코인 채굴을 하면 어떨까요?

트럼프 가문이 하는 암호화폐 기업과 합작을 하십시오. 한전은 버리는 전기로 비트코인 채굴을 하고, 그걸 팔아서 이익을 냅니다. 제주도민들은 이익 일부를 배당으로 받습니다. 채굴 노하우는 미국의 채굴 기업들로부터 전수받습니다. 트럼프의 친암호화폐 정책에 호응하면서, 비트코인을 매개로 양국이 협력 사업을 하는 겁니다. 제주도라는 전략 요충에 해군 기지만 지으라는 법 있나요. 미국의 이해, 트럼프의 이해와 직결되는 비트코인 채굴 단지가 들어선다면 한미 동맹 강화에도 큰 도움이 될 수 있습니다. 트럼프를 다루는 제일 좋은 방법은 사업 제안을 하는 겁니다. 딜을 하는 겁니다.

자, 그럼 본격적으로 트럼프와 어떤 딜을 하면 좋은지, 트럼프를 다루는 법을 말씀드리겠습니다. 대통령님, 지금 워싱턴으로 가는 비행기 안에 계신가요? 참모들로부터 현안 보고를 들으시기 전에 1시간만 이 책을 읽어주십시오. 절대 후회하지 않으실 겁니다.

1장

HOW TO DEAL WITH DONALD TRUMP

트럼프의 사람: 머스크와 친구가 되세요

트럼프와 딜을 하기 위해서는 그가 어떤 사람인지, 그의 협상 전략이 무엇인지 파악하는 게 우선입니다. 트럼프는 승부사이면서 재미있는 게임을 즐기는 사람입니다. 사업 자체를 게임으로, 승부로 봅니다. 정치 인생 자체도 그랬습니다. 2016년 트럼프가 첫 대선에 나왔을 때 그 누구도 그가 승리하리라 예상하지 않았습니다. 공화당도 마찬가지였습니다. 트럼프가 어찌어찌 대통령이 된 후 이른바 공화당의 어른들은 그의 정책에 사사건건 제동을 걸었습니다. "이건 이래서 안 되고, 저건 저래서 안 되고." 트럼프는 당에서 추천하고, 워싱턴의 정치 문법에 익숙한 참모들을 여럿 교체했습니다. 나중에 트럼프의 적이 된 인물들도 이때 나옵니다.

트럼프가 재선에 실패하고 야인으로 돌아갔을 때, 그는 공화당 내에서 완전히 잊힌 인물이 될 뻔했습니다. 그러나 바이든 행정부의 실정이 너무나 두드러졌고, 트럼프 특유의 정치 전략이 먹히면서 다시 공화당 대통령 후보가 되었습니다. 그 과정은 이해관계의 일치라는 전략으로 설명드렸습니다. 트럼프의 협상 스타일도 포커 게임에 비유해서 '뻥카'를 기본으로 한다고 말씀드렸습니다. 트럼프는 바로 그런 사람입니다. 준비는 끝났습니다. 이제 트럼프와 포커 게임을 한 판 한다고 생각하시고 협상 전략을 짜면 됩니다. 지금 비행기에 같이 탄 참모들 중에 수학을 잘하는 사람이 있을까요? 경제 문제가 핵심이니까 수학을 잘 알면서 실물 경제도 잘 아는 관료가 있으면 좋겠습니다. 대통령님 머리에 그런 참모가 반드시 떠올라야 합니다. 트럼프 곁에는 그런 인물이 있습니다. 일론 머스크입니다.

머스크는 물리학과 경제학을 복수전공했습니다. 트럼프를 이번 대선에서 대통령으로 만든 일등 공신이 머스크입니다. 머스크는 수학을 잘합니다. 테슬라 경영자이니, 실무도 잘 압니다. 머스크가 트럼프 옆에 서 있는 이유를 알면 도움이 되실 겁니다.

지난번 미국 대통령 선거는 선출직 정치 엘리트와 기술 기반의 산업 엘리트가 어떻게 연합할 수 있는지를 보여주는 과정이었습니다. 트럼프 대통령이 대한민국에 요구하는 것도 양대 파워 그룹의 이해관계로부터 나옵니다. 역대 미국 정권이 다 마찬가지라고 볼 수 있지만, 그렇지 않습니다. 트럼프는 기존 워싱턴 정계의 주류가 아닙니다. 머스크도 메인스트리트(제조업)의 적통이 아닙니다. 트럼프는 처음부터 정치를 한 인물이 아니죠. '어쩌다 공무원'이 된 케이스입니다. 트럼프 입장에서는 어쩌다가 아니고 치밀하게 계획한 것이지만, 주류 정치권에서 보면 어쩌다 공무원입니다. 머스크도 미국 산업계에서는 이단아입니다.

일론 머스크의 줄 서기

머스크의 테슬라는 2014년까지만 해도 망하기 일보 직전인 회사였습니다. "골프 칠 때나 타는 전동 카트 기술로 고속도로를 달리는 자동차를 만들겠다고? 미친 거 아냐?" 미국 자동차 산업의 본류 GM과 포드가 볼 때 머스크는 맛이 간 사업가였습니다. 그도 그럴 것이 하나의 자동차를 조립하기 위해서는 3만 개 이상의 부품이 필요합니다. 휘발유를 쓰는 내연기관 엔진 부품은 6000여 개에 달합니다. 생긴 지 얼마 안 된 테슬라가 자동차 대량 생산을 위한 부품 협력사와 체계적인 공급망을 어떻게 구합니까? 기존 자동차 업체들은 턱도 없는 소리라고 했습니다. 또 하나. 테슬라 전기 자동차는 기존 휘발유 자동차 판매 딜러망을 쓰지 않습니다. GM과 포드는 판매를 전담하는 딜러 조직과 거래합니다. 만드는 곳과 파는 곳이 다르죠. 테슬라는 만들면서 동시에 팝니다. 완전히 새로운 생산 시스템과 판매 시스템이 없으면 테슬라 자동차 양산은 불가능했습니다. 머스크는 그걸 해냈습니다.

GM과 포드는 뒤늦게 테슬라를 따라 전기차를 만들기 시작했습니다. 지금은 머스크의 충전 시스템을 같이 쓰는 상황입니다. 테슬라가 전기 자동차의 표준이 된 겁니다. 기존 자동차 산업의 문법을 테슬라 문법으로 바꾼 겁니다. 아이러니는 테슬라의 성장에 민주당 정권이 있다는 겁니다.

미국 민주당과 진보 진영은 ESG를 강조했습니다. 대표적인 친환경 이슈가 전기 자동차입니다. 바이든 대통령은 전기 자동차에 보조금을 주기까지 했습니다. 머스크도 민주당 지지자였습니다. 더 이상한 것은 트럼프의 대선 공약 중에는 전기차 보조금 폐지가 있다는 겁니다. 머스크가 자신의 돈을 들여가며 트럼프 선거 운동을 도와주는데도, 트럼프는 테슬라에 불리할 수도 있는 정책을 내건 것입니다. 그것도 기존 자동차 노조의 정치적 지원을 받기 위해서요.

트럼프는 전기 자동차가 기존 자동차 생산 노동자를 위협한다는 걱정을 파고들었습니다. 실제로 그런 면이 있습니다. 전기 자동차가 일반화되면 GM, 포드에서 자동차를 만들던 근로자들은 필요치 않습니다. 전기차를 만드는 부품은 기존 차의 절반이면 됩니다. 머스크는 로봇을 자동차 조립 라인에 대거 투입할 계획을 가지고 있습니다. 노조 입장에서는 머스크와 테슬라가 자신들의 적인 것이죠. 트럼프는 머스크의 지원을 받으면서도 노조의 표를 받기 위해 전기차 보조금 의무화를 폐지한다고 공약했습니다.

머스크는 이를 어떻게 생각했을까요? 그냥 넘어갔습니다. 왜냐하면 보조금이 없어도 테슬라는 잘 팔릴 테니까요. 무슨 근거로? 테슬라는 전기차이면서 동시에 자율주행차입니다. 테슬라를 좋아하는 소비자들은 이 차가 전기로 가기 때문이 아니라 스스로 주행한다는 점에 매력을 느낍니다. GM과 포드는 테슬라의 자율주행 기술을 따라오지 못합니다. 머스크는 트럼프의 정치적 배신을 배신으로 보지 않은 겁니다.

'정치적으로, 금전적으로 내(머스크)가 당신(트럼프)을 도왔으니, 당신도 나를 도와야만 한다.' 트럼프는 이런 식의 거래에 응하지 않습니다. 트럼프는 정치 자금을 받아도 당당합니다. 트럼프가 대통령에 취임한 이후 수많은 기업들이 트럼프에게 당선 축하금을 줬습니다. 공식적으로 줬습니다. 그 돈으로 화려한 취임 축하 파티를 일주일간 열었습니다. 미국에서는 대통령에게 공개적으로 기부금을 주면 불법이 아닙니다. 트럼프는 기업들 돈을 받으면서 이런 태도를 보였습니다.

❖ 당신들이 내 정책을 지지하고, 지원하려는 뜻에서 자발적으로 나에게 돈을 주는 거야. 내가 당신들을 지지하고, 지원할 거라고 기대하지 마.

트럼프는 돈을 받으면서도 당당했습니다. 자동차 정책, 전기차 정책이라는 작은 일은 트럼프와 머스크 두 사람의 전략적 연대에 아무런 영향을 주지 못했습니다. 더 큰 관점에서 두 사람의 이해관계가 일치했기 때문입니다. 그게 뭘까요?

정치 성향은 어떻게 갈리는가

오늘날 미국 정치 투쟁을 한마디로 표현하면, 워크(Woke, 깨어나다)와 안티워크(Anti-woke)의 대결입니다. '깨어났다'는 정치적 은유입니다. 진보적 가치에 눈을 떴다는 뜻입니다. 다른 사람들에게 "나는 이런 사람이야, 이런 가치를 중시해."라고 당당히 말할 수 있다는 선언입니다. 미국의 보수 진영은 '워크'에 위협을 느낍니다. 진보적 가치가 기존의 질서를 뒤흔들면서 자신들의 가치를 공격한다고 생각합니다. 워크는 인터넷과 모바일 공간에서 빠르게 확산합니다. 사이버 공간에서는 매 순간 격전이 벌어집니다.

이 싸움판에 머스크가 참전했습니다. 머스크는 기이한 사업가입니다. 땅에서는 스스로 운전하는 자동차를(테슬라), 하늘에서는 전 지구를 둘러싼 인공위성을(스타링크) 운영합니다. 인터넷 및 통신 기업 스타링크는 우크라이나 전쟁에서 러시아를 괴롭힌 정보전의 핵심 수단이기도 했습니다. 머스크는 개전 초기 스타링크를 무료로 제공했습니다. 머스크는 인공지능 기업(xAI)과 인간의 뇌를 연구하는 기업(뉴럴링크), 그리고 인류를 화성에 보내기 위한 로켓 기업(스페이스X)까지 가지고 있습니다. 그러나 정치적으로 가장 중요한 머스크의 기업은 엑스(X, 옛 트위터)입니다.

엑스는 미국과 전 세계 사용자의 정신세계와 관련이 있습니다. 모바일 시대에 소셜네트워크서비스(SNS)는 우리 생활에서 없어서는 안 될 도구입니다. 우리는 카톡, 인스타그램, 유튜브 등 온갖 SNS에 노출되어 있습니다. 머스크는 미국 사회에서 SNS를 통해 확산하는 '특정 현상'에 대해 매우 깊은 우려를 나타냈습니다. 정치적 올바름(PC)과도 연결되는 징후인데요. 단적으로 머스크의 개인사 하나를 말씀 드리겠습니다.

머스크는 어머니가 다른 아이들 14명 혹은 그 이상의 아버지입니다. 공식, 비공식으로 자식이 도대체 몇 명인지 정확하게 모릅니다. 머스크에게는 비비안이라는 자식이 있습니다. 남자였으나 여자로 성전환 수술을 받았습니다. 비비안이 트랜스젠더인 것이 머스크를 보수적인 정치 성향을 갖도록 만든 것인지는 불분명합니다. 그러나 머스크는 성정체성 논란이 SNS를 통해 확산하면서 청소년들이 스스로 깨어났다고 인식하는 것에 노골적으로 불편함을 드러냈습니다. 머스크는 꼰대일까요? 머스크는 성전환 수술을 받은 아들을 이해하지 못하는 것 같습니다. 남자로 태어났지만 여자가 되기로 한 비비안이 워크에 오염됐다고 생각하는 거죠. 그러면서 자기 자신은 전통적인 결혼 제도를 무시합니다. 머스크에게 결혼의 가치는 중요하지 않은 것 같습니다. 이런 모순은 언론 자유 논쟁에서도 드러납니다.

머스크가 엑스를 인수한 후 언론 자유 논쟁이 일어났습니다. 진보 진영과 보수 진영이 충돌했을 때 머스크는 "어떤 의견도 검열해서는 안 된다."고 주장했습니다. 사실상 보수 진영 편을 들었습니다.

엑스 이전 트위터 시절로 돌아가 보겠습니다. 트럼프 집권 제1기 말, 대선에서 패배한 트럼프는 대놓고 선거 결과에 불복하고, 지지자들에게 폭력을 선동하는 듯한 트윗을 날렸습니다. 이것이 문제가 되자, 당시 트위터는 트럼프의 계정을 차단합니다. 세월이 흘러 머스크가 트위터를 인수해 회사 이름을 엑스로 바꿨는데요. 머스크는 트럼프 계정을 지체 없이 복구했습니다. 정치적으로 아무리 일방적이고, 과도한 주장일지라도, 차단하지 않겠다는 것이죠.

그런데 엑스에서 인플루언서들이 머스크를 비판하면 수시로 계정을 차단합니다. 어떤 말도 검열하지 않는다면서 자신에 대한 비판은 검열합니다. 자기가 한 말을 뒤집는 것은 트럼프나 머스크가 비슷합니다.

결국 머스크는 미국 보수 진영을 따라 안티워크를 지지했고, 이는 트럼프에 대한 지지로 연결되었습니다. 우리나라 아스팔트 보수, 태극기 부대, 일부 개신교 목사들의 행태와도 유사한데요. SNS에서 벌어지는 좌우 대립이 대통령님의 당선으로도 정리되지 않은 것처럼, 미국에서도 정치적 대립과 극단주의는 계속해서 논란이 되고 있습니다.

머스크는 자신의 AI 기업과 엑스를 합병하기로 했습니다. AI 기업과 SNS 기업의 결합은 상상 이상의 폭발력을 갖습니다. 머스크가 마음만 먹으면 AI가 만든 가짜 뉴스를 엑스를 통해 진짜 뉴스 사이사이에 배치할 수 있으니까요. 대통령님, 머스크의 정치 성향을 파악하시는 게 매우 중요합니다.

혐오를
혐오하지 않는다

트럼프와 머스크는 극단적 우파, 극우주의자일까요? 미국 진보 진영에서는 두 사람을 그렇게 보는 시각이 존재합니다. 그러나 트럼프 내각의 면면과 정책을 보면 이야기가 달라집니다. 우리나라 일부 개신교 목사님들은 동성 커플을 용서할 수 없는 죄악으로 봅니다. 트럼프를 지지한 미국의 보수 기독교 유권자들 중에서도 낙태를 결사반대하거나, 동성 결혼을 인정하지 않는 경우가 있습니다. 트럼프는 혐오와 분열의 정치인으로 인식되는데요. 그렇다면 트럼프는 동성 커플을 혐오할까요? 유색 인종을 차별할까요? 트럼프가 이번 대선에서 중용한 언론 메시지 담당자 스티븐 청은 중국계 미국인입니다. 현재는 백악관 공보국장입니다. 트럼프 내각 경제팀의 수장인 스콧 베센트 재무장관은 동성 파트너가 있는 사람입니다. 트럼프가 집단의 관점에서 인종과 성적 취향에 대해 개인적 혐오를 가지고 있다면 이들을 가까이 둘 리가 없겠죠. 트럼프의 태도는 이렇게 설명할 수 있습니다.

> ❖ 당신이 누군가를 혐오해? 난 그 이유를 묻지 않겠어. 판단도 하지 않겠어. 그러나 당신의 혐오를 뭐라고 뭐라고 나무라는 다른 정치인들에 대해서는 내가 비판할 수 있어. 내가 당신 편이냐고? 그건 뭐 당신에 알아서 생각해 봐.

이러한 태도는 중도 보수부터 극우 보수까지 트럼프를 자긴 편이라고 생각하게 만듭니다. 심지어 일부 진보 유권자들도 트럼프에게 호감을 느끼게 됩니다. 반면 정치 지도자로서 '보편 가치'를 무시한다는 비난이 가능합니다. 트럼프는 이런 면에서는 전통적인 의미의 지도자가 아닙니다. 공동체를 파괴할 위험도 내포하고 있습니다. 그러나 미국은 인종적으로나 종교적, 경제적으로 매우 복잡한 이해관계의 복합체입니다. 당파적 시시비비만 따지면 오히려 화합을 해칠 수도 있습니다. 트럼프는 단 한 번도 '내가 미국인 모두의 대통령'이라는 명시적인 메시지를 말하지 않았습니다. 추상적으로 말합니다. "미국을 다시 위대하게."라고만 합니다. 그 미국이 누구의 미국인지 구체적으로 말하지 않습니다.

'이봐 톰. 당신 투표권이 있고, 세금을 내는 미국인이야? 톰, 그렇다면 나를 당신의 대통령이라고 생각해 봐.' 전략입니다. 트럼프는 노조 앞에서는 노조 편을 듭니다. 기업가 앞에서는 기업 편을 듭니다. 흑인 유권자 앞에서는 흑인 편을, 히스패닉 유권자 앞에서는 히스패닉 편을 듭니다. 이게 희한하게 먹힙니다. 동성 결혼을 했더라도 유능하면 장관을 시킵니다.

실리콘밸리는 왜 우범지대가 되었나

트럼프는 머스크의 지원을 받아 정치적으로, 금전적으로 취할 것이 많습니다. 머스크는 트럼프와 연대해서 무엇을 얻게 될까요?

머스크가 2022년 트위터를 인수했을 때, 본사가 샌프란시스코에 있었습니다. 샌프란시스코는 민주당의 아성입니다. 캘리포니아 주지사는 차기 민주당 대선 후보 중 한 명입니다.

캘리포니아에는 묘한 법이 있습니다. 일정 금액을 정해 놓고 피해 금액이 그 이하면 좀도둑을 처벌하지 않습니다. 매장에서 빵을 꺼내 계산대 앞을 그냥 지나가도 경비원이 잡지 않습니다. 잡다한 물건 몇 개를 챙겨 나와도 잡지 않습니다. 코로나 팬데믹으로 사회 안전망이 무너지자, 노숙자들이 생명의 위협을 받게 되었습니다. 좀도둑 정도는 사회적 비용으로 방치하자는 '파격적인' 아이디어가 나온 겁니다. 《레 미제라블》에서 빵을 훔친 장발장이 용서받았다면 더 큰 범죄인 은식기 절도도 없었을 것이라는 데 착안한 겁니다. 작은 죄를 사함으로써 훨씬 더 큰 죄를 예방하자는 거죠. 사실 장발장이 개과천선한 것은 신부님이 은식기를 훔친 것을 용서했기 때문인데 말이죠.

모든 제도는 사람이 어떻게 운영하느냐에 달려 있습니다. 모든 사람이 신부님처럼 온화할 수는 없습니다. 모든 사람이 장발장처럼 될 수도 없죠. 샌프란시스코의 좀도둑 대책(?)이 팬데믹 이후에 부작용을 낳았습니다. 노숙자가 더 늘어나고, 도심이 우범지대가 되어갔습니다. 캘리포니아는 대마초가 합법입니다. 마약에 취한 걸인들이 좀비처럼 거리를 배회하는 것도 심심치 않게 볼 수 있습니다.

하루는 머스크가 트위터 본사로 출근을 하는데, 좀비 부랑자들이 회사 정문 앞을 어슬렁거리고 있었나 봅니다. 결국 지하 주차장으로 내려가서 사무실로 올라갔습니다. 머스크는 트위터 본사를 텍사스로 옮겼습니다.

기술 기반 스타트업의 요람 실리콘밸리의 현실이 이렇습니다. 수십억 달러짜리 유니콘 스타트업들이 탄생한 실리콘밸리, 자유주의자를 환대하는 샌프란시스코, 꿈의 공장 할리우드를 품은 캘리포니아는 미국 진보 정치와 낙관주의의 본산이었습니다. 머스크도 청년 시절 실리콘밸리에서 사업을 시작했고, 민주당을 지지하는 '진보 기업가'였습니다. 머스크의 출근길을 막는 노숙자 무리가 나타나기 전까지요. 실리콘밸리가 어쩌다 이 지경이 되었을까요?

실리콘밸리는 원래 '배신'으로 성장하는 도시입니다. 어떤 아이디어가 사업이 되고, 그 아이디어에서 또 다른 아이디어가 나와 기존 아이디어를 무력화시킵니다. 도전장을 내민 신생 기업들이 치열하게 경쟁하고, 패자는 문을 닫습니다. 마침내 혜성처럼 나타난 스타트업이 천하를 평정합니다. 이 과정을 지켜보던 '내부의 배신자'들이 자신들만의 독자적인 사업을 들고 똑같은 과정을 되풀이합니다.

'스타트업 창업 → 성장(또는 폐업) → 거대 기업화' 공식은 미국을 살찌우는 공식입니다. 미국의 정치는 이러한 역동성을 만들어 내기 위해 무엇을 했을까요? 아무것도 하지 않았습니다. '그래 판을 깔아줄 테니, 너희들끼리 뭐든 하면서 한판 놀아봐.' 방관적 태도를 보였습니다. 개입하지 않습니다. 개입하지 않는 것이 정치가 한 일이었습니다.

그런데 민주당 정권이, 일부 진보적 행정가들이 실리콘밸리에 개입하기 시작했습니다. 대표적으로 블록체인과 암호화폐 산업에 대한 간섭입니다. 민주당 정권이 지명한 게리 겐슬러 증권거래위원장은 재임 중 내내 암호화폐 기업들을 대상으로 소송을 벌였습니다. 겐슬러가 시비를 걸지 않은 블록체인 기술 기업, 암호화폐 프로젝트 스타트업이 없을 정도였습니다. 실리콘밸리의 투자자들, 사업가들은 이런 개입이 너무너무 싫었습니다.

머스크는 도지코인이라는 암호화폐를 테슬라 자동차 구매에 활용하는 방안을 고민한 적이 있습니다. 엑스에서 도지코인을 자유롭게 전송하고, 쇼핑도 하는 거죠. 그런데 테슬라나 엑스가 코인 결제를 하려면 각 주별로 돌아다니며 허가를 받아야 합니다. 그게 끝이 아닙니다. 소비자금융보호국이라는 연방 규제 기관에 도지코인 사용 인가를 별도로 받아야 했습니다. 머스크는 도지코인 사업을 잠정 중단했습니다. 코인 사업에 기대를 걸고, 머스크만 바라보던 투자자들과 스타트업 창업가들은 허탈할 수밖에 없었습니다.

제2의 버핏,
빌 애크먼 참전

머스크는 자신의 엑스에 점점 더 거센 정치적 메시지를 올리기 시작했습니다. 머스크와 생각을 같이한 일단의 기술 기반 기업가들도 움직였습니다. 트럼프 대선 자금을 모아주고, 정책 조언을 하고, 마침내 트럼프를 공개 지지했습니다. 줄곧 민주당을 지지하다가 이번 선거에서 트럼프 지지로 선회한 인물이 한 명 더 있습니다. 빌 애크먼.

애크먼은 월가에서 헤지펀드를 운용하는 펀드매니저입니다. 그는 제2의 워렌 버핏이라는 말을 들을 정도로 영민한 투자자로 알려져 있죠. 애크먼은 민주당의 썩은 정치가 미국이 당면한 문제를 해결할 수 없다는 취지의 글을 엑스에 올렸습니다. 30개가 넘는 이유를 들어 트럼프를 지지하는 자신의 입장을 밝혔습니다. 애크먼은 트럼프의 관세 정책도 지지했습니다. 월가 금융맨들은 관세가 양날의 칼이라는 것을 잘 압니다. 관세는 미국의 수입업자들이 부담하는 세금입니다. 관세가 올라가면 미국으로 물건을 수출하는 외국 기업들도 타격을 입지만, 수입업자와 소비자인 미국 시민들도 피해를 봅니다. 물건값이 올라가니까요.

경제학 교과서에서는 관세를 좋아하지 않습니다. 제한적인 영역에서만 사용해야 한다고 말하죠. 트럼프는 관세를 미국 산업의 전 영역에 적용했습니다. 관세를 통해 '미국병'을 치유하겠다는 구상을 실천에 옮기고 있는 겁니다. 머스크와 애크먼처럼 진보 정치를 지지했던 이들이 트럼프로 돌아선 것은 기존 해법으로는 병들어 가는 미국을 치유할 수 없다고 봤기 때문입니다.

트럼프+기술 기업가. 여기에 일부 금융 자본가가 참여하는 연대는 이렇게 이뤄졌습니다. 이들은 "미국을 다시 위대하게(Make America Great Again, MAGA)!"라고 외칩니다. MAGA는 트럼프의 선거 구호이자, 정치 운동입니다. 트럼프가 말하는 위대한 미국과 연대 세력들이 원하는 위대한 미국이 같은 것일까요?

트럼프가 대통령에 취임한 이후 벌인 일들만 놓고 보면 솔직히 불분명한 측면이 있습니다. 어떤 것은 일치하고, 어떤 것은 일치하지 않습니다. 트럼프가 파격적인 관세 정책을 내놓은 이후 월가는 막대한 피해를 봤습니다. 주식 시장이 코로나 팬데믹 당시만큼이나 폭락했습니다. 트럼프의 관세 미사일이 전 세계 경제를 초토화시키면, 미국도 살아남을 수 없다는 불안 때문입니다.

애크먼이 운용하는 헤지펀드도 피해를 봤습니다. 애크먼은 "트럼프의 관세 정책을 지지하지만, 일단 90일간 유예하고, 협상을 해야 한다."고 호소하는 글을 엑스에 올렸습니다. 테슬라 주가도 급락했습니다. 머스크는 관세 정책 실무를 맡은 트럼프의 다른 측근을 "정말로 바보 같은 멍청이."라고 공개적으로 비난했습니다. 금전적으로 트럼프 정책이 연대 세력들에게 불리하게 작용하고 있는 겁니다.

트럼프는 유연한 정치인입니다. 월가 자본가와 기술 창업자들에게서 속도 조절이 필요하다는 고언이 계속해서 올라오자, 고집을 꺾었습니다. 애크먼이 말한 것처럼 관세 부과를 90일 유예한 겁니다. 단, 중국에는 그대로 고율 관세를 적용했습니다. 이로써 미국의 적은 중국이라는 점을 분명히 했습니다.

트럼프와 연대 세력들은 관세 정책을 조정했습니다. 불도저 같은 트럼프도 필요에 따라 정책을 수정합니다. 이 게임이 단판 승부가 아니기 때문입니다. 대통령님, 트럼프를 만나실 때 그 주위에 있는 연대 세력들을 눈여겨보시기 바랍니다. 그들에게도 그들이 좋아할 만한 게임, 별도의 딜을 제안하셔야 합니다.

페이팔
마피아, 피터 틸

청년 머스크와 함께 사업을 했던 피터 틸이라는 인물이 있습니다. 두 사람은 동지이면서 배신자인 묘한 관계입니다. 머스크, 틸, 그리고 비슷한 시기 이들과 인연을 맺은 몇몇 사업가들을 미국에서는 페이팔 마피아라고 부릅니다. 페이팔은 미국에서 가장 성공한 인터넷 결제 서비스입니다. 인터넷 대기업 이베이가 운영합니다. 페이팔의 모태가 되는 스타트업을 머스크가 만들었습니다. 그게 이베이에 팔리면서 머스크는 큰돈을 벌었습니다. 틸 역시 이때 번 돈으로 벤처 투자 회사를 차렸습니다. 지금은 미국에서 가장 강력한 벤처 자본가입니다. 이번 대선에서 페이팔 마피아는 엄청난 자금력과 인맥을 동원해서 트럼프를 지원했습니다. 그 선두에 머스크가 있었습니다.

틸은 2016년 대선에서도 트럼프를 지지했습니다. 당시 실리콘밸리는 힐러리 클린턴을 전폭적으로 지지했습니다. 틸은 거의 유일하게 트럼프를 지지했습니다. 실리콘밸리에서 이단아 취급을 받았습니다. 틸은 국가가 나서서 기업들의 경쟁력을 떨어뜨리는 것을 극도로 싫어했습니다. 틸은 트럼프와 공화당이 벤처 기업들에게 더 많은 자유를 가져다줄 것으로 봤습니다. 이번 대선에서 트럼프 지지 전면에 나선 것은 머스크였지만, 틸의 주도하에 페이팔 마피아는 자신들의 비밀 무기를 트럼프 캠프에 배치하는 데 성공했습니다. 이 비밀

무기에 대해서는 바로 다음 장에서 말씀드리겠습니다. 머스크와 틸의 묘한 관계를 조금 더 설명드리겠습니다.

머스크와 틸은 2002년 전자 결제와 관련된 스타트업을 같이 운영했습니다. 이 스타트업은 이베이로부터 인수 제안을 받습니다. 인터넷이 막 뜨던 시절 전자 결제 시장이 커질 것으로 본 것이죠. 머스크는 해당 제안을 거절했습니다. 그리고 신혼여행을 떠났습니다. 틸은 생각이 달랐습니다. 머스크가 자리를 비운 사이 회사의 다른 이사들을 모아서 몰래 양사의 합병 계획을 승인해 버립니다. 신혼여행에서 돌아온 머스크는 회사가 팔린 것을 알게 됩니다. 물론 대주주였던 머스크에게 거액의 주식 매각 대금이 들어와 있었습니다. 머스크와 틸은 나중에 어떻게 되었을까요? 불구대천의 원수? 아닙니다. 두 사람은 각자의 길을 갔지만 필요할 때 투자도 같이하고, 우수한 인재를 서로 추천하면서 '비즈니스' 관계를 유지했습니다. 트럼프 대선 캠프에 비밀 병기를 심을 때도 두 사람이 합동 작전을 폈습니다. 앞서 말씀드렸듯이 미국 실리콘밸리에는 배신 문화가 있습니다. 인간적 배신이 아니라 사업적 배신입니다. 머스크와 틸도 그랬습니다.

머스크는 페이팔 딜로 번 돈을 테슬라 투자에 썼습니다. 당시 그저 그런 전기차 회사였던 테슬라를 사서 자신이 CEO가 되었고, 오늘날의 테슬라 제국을 키웠습니다. 틸도 벤처 캐피탈리스트로서 반도체, 인터넷, 블록체인, 인공지능, 생명공학 등 첨단 기술 스타트업에 투자했습니다. 틸이 투자한 대표적인 인공지능 기업이 오픈AI입니다.

오픈AI는 머스크와 샘 올트먼이 공동 설립한 회사죠. 두 사람이 갈등을 겪다가 머스크가 떨어져 나왔습니다. 머스크는 올트먼을 사기죄로 고발한 상태입니다. 오픈AI를 놓고 머스크와 올트먼이 벌이는 싸움은 한편의 드라마를 방불케 합니다. 이 싸움에는 마이크로소프트까지 엮여 있는데요. 배신, 배반, 합종연횡 등 삼국지는 저리 가라입니다.

비트코인 보좌관,
데이비드 삭스

'배반'을 밥 먹듯이 하는 실리콘밸리 억만장자 기업가들과 트럼프가 연대함으로써 지금의 트럼프 행정부가 탄생했습니다. 트럼프 집권 제2기는 출발부터 독특한 행보를 보이고 있습니다. 트럼프가 개인적으로 암호화폐 사업을 벌여서 재미를 보고 있다고 앞서 말씀드렸죠. 트럼프 대통령은 자신을 보좌하는 인공지능 및 암호화폐 담당 자문관을 따로 두고 있습니다. 우리 식으로 말하면 대통령 정책 특보입니다. 데이비드 삭스라는 실리콘밸리 벤처 캐피탈리스트입니다. 삭스 역시 페이팔 마피아의 일원입니다. 삭스를 담당 자문관으로 적극 추천한 인물이 바로 머스크와 틸입니다. 자기 사람을 트럼프 옆에 꽂아 넣은 것이죠. 삭스는 트럼트의 대선 공약인 비트코인 국가 전략 비축 사업을 기안하고 실행하는 일을 하고 있습니다.

민간인이 공무원을 해고하다?

트럼프 행정부는 정부효율성부서(Department Of Goverment Efficiency), 줄여서 DOGE라는 기구도 만들었습니다. 이 기구의 책임자가 머스크입니다. 머스크는 '특별 공무원'으로 공식 임명됐습니다. 그리고 컴퓨터에 능한 20여 명의 전문가 집단을 꾸렸습니다. 이들을 이끌고 행정부의 주요 부서에 들어가 예산 낭비가 없는지 들여다봅니다. 언론 보도에 따르면 일급 기밀 보안 허가도 받았다고 합니다. 머스크는 DOGE 활동으로 1조 달러의 예산을 절감하겠다고 호언했습니다. 머스크는 군사 작전을 하듯이 정부 부처에 쳐들어갑니다. 밤새워 전산망을 뒤집니다. 다음 날 아침에 해당 부처 문을 닫아버리는 결정도 서슴지 않았습니다. 계엄군처럼 부서를 장악한 후 수십 년 일한 공무원들에게 해고 통지를 날렸습니다.

DOGE 활동을 놓고 트럼프 측근들조차 우려를 나타냈지만, 트럼프는 머스크를 두둔합니다. 머스크의 막무가내 행동 때문에 워싱턴 정가는 물론 일반 시민들도 테슬라에 대해 좋지 않은 이미지를 갖게 되었습니다. 테슬라 불매 운동이 벌어지고, 테슬라 매장에 테러를 가하는 사건도 일어났습니다.

대통령님, 워싱턴에서 트럼프를 만날 때 머스크도 같이 만나십시오. 트럼프를 당선시키는 데 큰 공을 세운 머스크는 사업적으로는 큰 손해를 보는 중입니다. DOGE 활동에 반감을 갖는 미국 소비자들이 테슬라에 등을 돌렸으니까요. 테슬라에게 중요한 시장인 중국에서도 실적이 좋지 않습니다. 트럼프가 중국을 힘들게 하고 있으니, 그 곁에 있는 머스크와 테슬라를 좋아할 리가 없습니다. 대통령님, 어려움에 처한 머스크에게 딜을 제안하십시오. 트럼프와 머스크 두 사람을 모두 대통령님의 친구로 만들 솔깃한 딜이 있습니다.

새만금에 테슬라 공장을 지으려면

자동차 공장을 짓기 위해서는 몇 가지 입지 조건이 필요합니다. 숙련된 근로자와 부품 공급망이 있어야 합니다. 대통령님, 트럼프에게 새만금 땅을 주십시오. 새만금은 판교의 45배에 달하는 넓은 땅입니다. 이곳에 테슬라 공장이 들어서면 동북아의 자동차 시장 판도가 달라질 수 있습니다. 우리나라에는 자동차 조립과 생산에 능한 인력이 많이 있습니다. 전기 자동차에 필수인 배터리 등 부품 생산도 얼마든지 가능합니다.

'마음 같아서야 당장 테슬라를 끌어오고 싶지만, 그게 쉽겠나?' 방법이 있습니다. 트럼프가 거절할 수 없는 제안을 하시는 겁니다. 새만금에 공장을 지으면 그곳에서 생산하는 테슬라 자동차를 선구매하겠다고 하십시오. '그게 무슨 소리? 무슨 돈으로 자동차를 사줘?' 싶으시겠죠. 새만금 자체를 블록체인 기술을 적용해 코인으로 만드는 겁니다. 실제 세상에 존재하는 자산을 코인화해서 금융 자산으로 만드는 것을 RWA라고 합니다. 'Real World Asset'의 약자입니다. 새만금이라는 부동산을 코인화해서 지역 주민들과 전 국민들에게 나눠주는 겁니다. 해당 코인에 '테슬라 코인'이라는 이름을 붙였다고 해보죠. 이 코인은 암호화폐 시장에서 자유롭게 사고팔 수 있습니다. 테슬라 코인은 국민주 같은 게 되는 겁니다. 과거 한전과 포항제철을 주식 시장에 상장할 때 썼던 방법입니다. 국민주라는 이름으로 주식을 미리 배분한 적이 있습니다. 같은 방법으로 새만금 땅을 담보로 하는 테슬라 코인을 우리 국민들에게 나눠줄 수 있습니다.

'테슬라 코인'은 테슬라 새만금 공장에서 생산되는 자동차를 구매하는 용도로만 사용하는 겁니다. 머스크는 새만금에 공장을 짓고, 대한민국 국민들은 자동차를 갖는 거죠. 새만금이라는 토지와 테슬라라는 자동차를 코인을 매개로 교환한다고 보시면 됩니다.

자동차 공장 입지에서 진짜 중요한 것은 수요 시장이 근처에 있어야 한다는 조건입니다. 테슬라는 중국 상하이에 '기가 팩토리 3'이라는 대형 공장을 지었습니다. 중국 자동차 시장을 노린 것이죠. 새

::

테슬라가 새만금에 공장을 세운다면
중국, 동남아, 인도로 진출하는 교두보가 될 수 있다.

만금에 테슬라 공장이 들어서면 대한민국 소비자들을 곧바로 공략할 수 있습니다. 새만금 공장은 판매처를 확보한 상태에서 건설을 위한 첫 삽을 뜨게 되는 겁니다. 자동차를 살 사람이 대기해 있는 거죠.

'테슬라가 한국 자동차 시장을 차지하면 어떻게 하지?' 그것은 기우입니다. 테슬라 입장에서 한국 시장은 일부에 불과합니다. 한국 소비자들만 보고 차를 만들지는 않습니다. 테슬라 코인을 국민주처럼 배분받은 사람들 중 일부는 코인을 팔려고 할 겁니다. 미래에 나올 차가 아니라 당장의 현금을 더 선호하는 사람들도 있습니다. 테슬라 코인은 암호화폐 시장에 상장될 것이므로 누구나 해당 코인을 사고팔 수 있습니다. 테슬라 코인을 사서 그것으로 테슬라 자동차를 사겠다는 '소비자'는 국내에 한정되지 않습니다. 새만금의 위치를 보십시오.

서해를 건너면 바로 중국입니다. 남쪽으로 내려가면 동남아시아 시장이 있습니다. 인도양을 통해 서쪽으로 가면 중동과 유럽으로 통합니다. 사통팔달입니다. 새만금 테슬라 공장에서 만들어지는 반짝반짝 빛나는 전기차를 구매하려는 사람들은 암호화폐 시장에서 테슬라 코인을 사려고 할 겁니다. 새만금에 터를 잡고, 수요자까지 미리 잡아준다고 하면 머스크가 새만금에 오지 않을 이유가 없습니다.

머스크는 계산에 밝은 사업가입니다. 앞서 말씀드린 것처럼 암호화폐 시장도 잘 아는 인물입니다. 눈치채셨겠지만, 트럼프 대통령의 혁신 부서 DOGE는 암호화폐 도지코인의 이름을 차용한 것입니다. 머스크는 도지코인을 진짜 돈처럼 사용할 수 있다고 믿는 사람 중 하나입니다. 미국의 규제 당국이 도지코인을 화폐로 인정하지 않는 것이 문제죠. 도지코인을 방해하는 게 누구죠? 연방 소비자금융보호국. 머스크는 뒤끝이 있는 인물입니다. 머스크는 DOGE 활동을 시작하면서 소비자금융보호국에 쳐들어갔습니다. 부서를 통째로 없애버렸습니다.

머스크가 왜 트럼프와 연대했는지 짐작이 가시는지요. 트럼프는 기업가로서 이미지 실추를 부담하면서까지 '정부 개혁'에 앞장서고 있습니다. 정치적으로 보수화된 것도 있지만, 자신이 사업을 하는 데 걸림돌이 되는 요소들을 제거하기 위해 트럼프의 힘이 필요했던 겁니다. 트럼프와 머스크의 연대 명분은 '미국병'을 치료하는 것입니다. 트럼프와 머스크는 미국이라는 환자를 수술하고 있다고 생각합니다. 실제로 트럼프는 관세 정책 발표 후 주가가 폭락하자 "쓴 약이 필요할 때도 있다. 견뎌라. 수술은 잘되고 있다."고 말했습니다.

트럼프는 워싱턴 주류 정치가 망쳐놓은 미국을 자기 손으로 살리겠다고 합니다. 머스크는 맨손으로 시작해 테슬라 제국을 만든 경험과 기술을 국가 개조에 투입하고 있습니다. 의문이 드시죠? 미국은 그 어느 때보다 강력한 것 같은데, 도대체 무엇이 문제란 말인가? 트럼프와 머스크가 걱정하는 미국병이 그렇게 심각한가? 이 질문에 답하기 전에 머스크가 트럼프 곁에 꽂아 넣은 비밀 병기가 무엇인지 말씀드려야 할 것 같습니다. 트럼프와 협상을 하실 때, 이 비밀 병기가 배석할지도 모르기 때문입니다. 바로 JD 밴스 부통령입니다.

HOW TO DEAL WITH DONALD TRUMP

2장

트럼프의 정책:
위대한 미국은 어떤 모습일까요?

트럼프는 금수저입니다. 부동산 개발업자 아버지 덕에 어려움 없이 컸고, 좋은 대학을 다녔고, 사업도 이어받았습니다. 본인의 비즈니스 역량도 뛰어났습니다. 트럼프(TRUMP)를 대표적인 부동산 브랜드로 만들었고, 방송계에 진출해 인기도 얻었습니다. 리얼리티 쇼 〈어프렌티스(Apprentice, 견습생)〉에서 트럼프가 "너는 해고야!"라고 외치는 모습을 보십시오. 묘한 청량감이 듭니다.

미국 정치인들 중에는 흙수저도 있습니다. 가난과 역경을 이겨내고 성공한 후에 정계에 입문한 케이스죠. JD 밴스 부통령이 흙수저 정치인입니다. 밴스는 오하이오주의 쇠락한 소도시 출신입니다. 알코올 중독자 어머니는 밴스를 돌보지 않았습니다. 밴스의 자서전과 이를 영화화한 〈힐빌리의 노래〉를 보면 현명한 할머니의 영향을 받은 것으로 묘사되어 있습니다. 밴스가 개천에서 난 용이 되기까지의 서사는 미국이 앓는 병이 무엇이고, 이것을 해결하려는 정치적 노력이 어떻게 전개되는지를 보여줍니다.

똑똑하지만 가난한 젊은이는 군대에 간다

미국에서 똑똑하지만 가난한 학생들은 고등학교 졸업 후 군대에 갑니다. 밴스도 그랬습니다. 해병대에 들어가서 이라크 전쟁에 참전합니다. 2007년 제대 후 군인들에게 주어지는 특전을 이용해 예일대학교 로스쿨에 들어갑니다. 밴스는 여기서 지금의 아내를 만납니다. 인도계 미국인입니다. 참고로 지난 대선에서 트럼프를 상대했던 민주당 카멀라 해리스의 어머니도 인도인입니다. 아버지는 카마이카 출신입니다. 트럼프 진영에서는 해리스가 100퍼센트 흑인이 아닌데도 흑인 행사를 한다고 몰아세웠습니다.

밴스는 장학금을 받지 못하면 졸업을 할 수 없는 처지였습니다. 죽어라 공부만 했습니다. 어느 날 특강 공고를 우연히 보게 되었습니다. 강연자는 피터 틸이었습니다. 서부 실리콘밸리의 유명한 벤처 투자자입니다. 금융 전문 변호사를 꿈꾸던 밴스는 '벤처 투자 회사에 대해 알아두는 것도 나쁘지 않겠지.' 하며 강연을 들었습니다. 이 강연이 밴스의 인생을 바꿨습니다. 밴스는 강연 후 틸에게 편지를 씁니다. 꼭 같이 일하고 싶다는 내용이었습니다. 틸은 '이 친구 봐라. 특이하네.'라며 졸업하면 연락하라고 답장을 썼습니다. 미국 동부 명문 예일대학교 로스쿨을 졸업하면 대게는 월스트리트로 진출합니다. 밴스도 월스트리트 금융사를 위해 봉사하는 변호사가 되는 것이 꿈이었습니다. 밴스가 가야 할 길은 정해져 있었습니다. 뉴욕행이죠. 월가가 있는 뉴욕으로 가는 게 일반적입니다. 밴스는 반대로 했습니다. 동쪽이 아니라 서쪽으로 갔습니다. 서쪽 샌프란시스코 실리콘밸리를 택한 겁니다.

밴스의 첫 직장은 틸이 투자한 생명공학 벤처 기업이었습니다. 법학을 공부한 밴스가 이 회사에서 무엇을 어떻게 했는지는 모르지만, 나름 실력을 인정받은 모양입니다. 밴스는 본격적으로 벤처 투자 업무를 맡습니다. 틸이 공동 투자한 벤처 캐피탈의 부사장으로 영입된 겁니다. 밴스는 페이팔 마피아를 비롯해서 실리콘밸리의 실력자들과 어울렸습니다. 미국에도 '밀어주고 끌어주는' 문화가 있습니다. 학연, 지연, 인맥이 한국 이상으로 중요합니다. 다만 무조건 해주는 게 아닙니다. 정보를 공유하고, 비즈니스 기회도 주지만 성과가 없으면 매몰차게 잘라냅니다. 밴스가 벤처 투자 세계에서 떨리지 않았다는 것은 실력이 있다는 이야깁니다. 밴스가 부사장으로 일을 너무 잘하니까, 동료들로부터 시기와 질투를 받았습니다. 틸의 낙하산이라는 것도 작용했을 겁니다.

틸은 실리콘밸리에서 특 A급 실력자입니다. 틸의 눈에 들었다는 것은 성공을 보장받은 것이나 마찬가지입니다. 페이팔 마피아의 대부는 머스크지만, 틸은 저인망식으로 스타트업계를 휘젓고 다녔습니다. 그가 점찍은 유능한 사업가들은 거의 모두 유니콘 기업의 CEO로 성장했습니다. 틸은 인재를 보는 눈도 탁월합니다. '틸의 장학생'이라는 말이 있을 정도죠. 블록체인 기술 업계에도 장학생이 많습니다. 대표적인 인물이 비탈릭 부테린입니다. 부테린은 블록체인 이더리움을 만든 천재입니다. 러시아 출신이지만 미국에서 교육받으며 컴퓨터 공학을 전공했고, 19세 나이에 이미 틸의 눈에 들었습니다. 틸의 장학금을 받으며 학업을 마쳤고, 이더리움 블록체인도 만들었습니다.

밴스 역시 로스쿨을 졸업하자마자 틸 인맥으로 실리콘밸리로 넘어온 것이죠. 가난한 고학생이 벤처 투자자가 된 것만 해도 성공입니다. 그것도 페이팔 마피아의 거두 피터 틸 휘하에서요. 밴스는 여기서 멈추지 않습니다. 낙하산이라는 눈총이 싫었던지 그는 홀연히 고향으로 돌아갑니다. 거기서 자서전을 출간합니다. 2022년 고향 오하이오에서 상원의원 출사표를 던집니다. 정치인으로 변신을 선언한 것이죠. 밴스가 쓴《힐빌리의 노래》는 〈뉴욕 타임스〉 베스트셀러에 오르고, 영화로도 제작됩니다. 영화도 나름 잘 만들었습니다. 넷플릭스에 가면 지금도 볼 수 있습니다. 뭔가 좀 이상하죠? 책을 쓰고, 영화를 만들고, 상원의원에 출마하고…. 밴스를 정치권에 안착시키는 '기획'에 페이팔 마피아 인맥이 강하게 작용했다는 것이 정설입니다. 이 즈음부터 실리콘밸리 억만장자 그룹에서는 정치적 목소리를 내는 방법을 고민했던 것으로 보입니다. 밴스는 이제 마흔입니다. 트럼프는 내년에 여든이 됩니다. 미국 보수 진영에서 차기 1순위는 누가 뭐래도 밴스 부통령입니다. 시골뜨기 고학생이 미국, 아니 세계 최고 권력자를 바라보게 된 겁니다. 그 뒤에 페이팔 마피아가 있습니다.

밴스의 성공 스토리와 이민자를 증오하는 백인 하층민

밴스의 성공 스토리는 그의 고향과 극명하게 대비됩니다. 밴스의 성공은 오하이오 소도시의 몰락이 배경인데요. 미국의 낙후된 지역 경제가 가진 보편적 문제이기도 합니다. 지난 대선에서 트럼프는 집요하게 노동자 표를 모았습니다. "불법 이민자들이 당신의 일자리를 빼앗아 간다!" 이 메시지가 먹혔습니다.

데이터는 다른 말을 합니다. 바이든 행정부, 정확하게는 코로나 팬데믹 이후 미국으로 유입된 이민자가 급증한 것은 사실입니다. 800만 명이 넘습니다. 그 이전 3년 평균이 240만 명입니다. 이민의

파도가 미국을 덮친 겁니다. 그러나 양질의 일자리를 이민자, 그것도 불법 이민자들이 차지할 가능성은 거의 제로에 가깝습니다. 우리나라 사람들이 미국으로 이민을 갈 때 어떤 일자리가 기다리고 있을까요? 공항에 마중 나온 지인이 어떤 일을 하느냐에 따라 일자리가 결정된다는 우스갯소리가 있습니다. 지인이 세탁소를 하면 세탁소에서 시작합니다. 동네 식료품점을 하면 물건 배달이 첫 임무입니다. 이민 세대가 처음부터 변호사, 은행가, 영화배우, 사업가가 될 확률은 극히 낮습니다.

사람들은 눈에 보이는 것만 믿습니다. 이민자가 몰려와 사람들이 북적북적합니다. '이자들이 어디서 일을 하고, 무엇을 먹고, 무슨 짓을 하지?'라는 의문을 갖는 게 당연합니다. 크고 작은 사건사고에 이민자들이 연루되기도 합니다. 늘 있는 범죄지만, 이민자가 저지르면 대서특필됩니다. 트럼프는 이걸 파고들었습니다. 대선 중에 논란이 되자, FBI가 통계를 공표했습니다. 이민자에 의한 범죄가 늘었다는 증거는 없습니다. 이민자들이 양질의 일자리를 빼앗았다는 증거도 없습니다. 그러나 사람들은 그렇게 믿었고, 그것이 트럼프의 표로 연결되었습니다.

이민자는 문제가 아닙니다. 미국 민주당 정권은 '워크(Woke)' 이념에 따라 미국적이지 않은 여러 가지 복지 정책을 폈습니다. 샌프란시스코의 좀도둑 대책 같은 거요. 물가가 오르고 살기가 팍팍해진 미국의 서민들은 누군가 탓할 존재가 필요했습니다. 그게 이민자, 특히 불법 이민자들이 된 겁니다.

미국 경제가 장기간 양극화의 길을 간 결과, 밴스 부통령의 고향에는 백인이면서 변변한 직업이 없는 하층민들이 생겨났습니다. 똑똑한 인도계 여성이 예일대학교 로스쿨에 들어가고, 졸업 후 대형 로펌에서 활동하며, 남편을 부통령으로 만드는 사이 오하이오에는 태어날 때부터 '아메리칸 시티즌'이었던 사람들이 분노로 부글부글 끓고 있었습니다. 밴스는 그 분노를 해병대에서, 운 좋게 들어간 로스쿨에서, 그리고 틸이라는 멘토를 만나 성공 에너지로 쓸 수 있었습니다. 대부분의 밴스 고향 사람들은 그러지 못했습니다. 밴스가 고향에 돌아와 상원의원에 출마할 때 그에게 표를 줄 사람들은 바로 그 분노에 찬 사람들이었습니다.

미국 제조업은 바닥부터 무너지고 있었습니다. 전 세계를 호령하던 철강 산업은 일본, 한국, 중국에 빼앗겼습니다. 실리콘밸리의 발명품인 반도체도 일본, 한국, 대만에 자리를 내줬습니다. 반도체만은 중국에 줄 수 없다는 몸부림이 느껴지시나요? 엔비디아는 미국 기업이고, 인공지능 반도체로 세계 최고입니다만, 중국이 이 반도체를 이용해서 놀라운 AI를 만들자 한바탕 난리가 났습니다. AI 반도체를 중국에 팔지 못하게 했습니다. 초강대국 미국이 할 일은 아니죠. 트럼프 대통령은 중국의 딥시크(DeepSeek)를 놓고 "AI 경쟁은 좋은 것"이라고 여유 있게 말했습니다. 두 달 후 중국에 145퍼센트 관세 폭탄을 터뜨렸습니다.

❖ 미국은 왜 제조업에서 몰락의 길을 갔을까. 금융과 첨단 IT 기업들이 세계 최고인데도, 미국은 왜 중국에 추격당한다고 느낄까. 군사적으로 지구상 최강대국인 미국이 왜 북한 하나를 억제하지 못하고 20년 가까이 저러고 있을까. 밴스의 고향 사람들은 왜 분노를 참지 못할까. 트럼프는 어떻게 미국을 다시 위대하게 만들겠다는 것일까?

대통령님, 주변의 참모들에게 한번 물어보십시오. 트럼프의 위대한 미국은 어떤 모습일 것 같은지.

제조업 부활을 위한 관세 폭탄

트럼프의 MAGA 선거 구호는 "미국을 다시 위대하게"입니다. 우리나라 새마을운동 같은 겁니다. '21세기에, 그것도 미국에서 무슨무슨 운동이 먹힐까?' 먹힙니다. 평범한 미국 사람들 만나서 대화를 나눠보시면, 이 친구들 진짜 의외로 순진합니다. '순진한 미국인들'이 생각하는 미국의 가장 위대한 시절은 레이건 대통령 치세일 겁니다. 소련을 굴복시키고 냉전을 승리로 끝냈으니까요. 1980년대 정치적 도약은 1990년대 퍼스널 컴퓨터, 2000년대 인터넷 혁명으로 이어지는 토대가 되었습니다. 지금 미국은 인공지능 혁명을 주도하고 있죠.

트럼프는 MAGA를 외치며 생뚱맞게 미국 제조업 부활을 이야기합니다. 관세 정책도 제조업 부활을 명분으로 밀어붙입니다. "지금까지가 월스트리트 시대였다면 이제는 메인스트리트 차례"라고 말합니다. 메인스트리트는 미국의 산업, 특히 제조업을 뜻합니다. 월스트리트는 금융, 서비스, 투자, 머니 게임 이런 거죠.

실상을 볼까요. 미국의 일자리 중 제조업 일자리 비중은 9.4퍼센트에 불과합니다. 10퍼센트가 안 됩니다. 전 세계에 관세 폭탄을 터뜨려서 미국에 공장을 짓게 하겠다는 건데요. 그걸로 혜택을 볼 미국인은 10명 중 1명 정도입니다. 제조업 일자리가 만들어지면 이 비율이 올라가기는 하겠죠. 미국 산업의 주력은 아닙니다. 그런데도 트럼프는 MAGA를 외쳤고, 대통령이 되었습니다. MAGA에 무슨 주술적인 힘이 있는 걸까요?

미국은 왜 '다시' 위대해져야 하는가

트럼프는 2016년 첫 번째 대선에서 빨간 MAGA 모자를 쓰고 나타났습니다. 간결하면서 강력한 메시지입니다. 마지막 단어

'Again'은 과거에 대한 향수를 불러일으킵니다. 과거의 영광을 상실했다는 진단과 함께 이전의 번영을 회복하겠다는 의지를 동시에 전달합니다. 이해할 수 있습니다. 퇴역 군인분들이 빳빳하게 다림질한 군복과 훈장을 달고 국가기념식에 나타나시잖아요. 그 시절이 힘들고 험했지만, 아련한 추억이고, 영광입니다. 특히 승리의 기억은 오늘의 초라함을 잊게 만듭니다.

이러한 의미 때문에 MAGA 슬로건은 지지자들에게는 희망과 애국심을 불러일으키는 구호가 되었고, 선거전에서 먹혔습니다. "과거 언제로 돌아가자는 것이냐."는 비판과 함께 특정 집단을 배제한 낭만화된 과거상을 담고 있다는 논란도 일으켰습니다.

MAGA의 기원은 레이건 대통령입니다. 레이건은 1970년대 말 경제 침체와 사회적 혼란 속에서 "Let's Make America Great Again."이라는 구호를 썼습니다. 1980년 공화당 전당대회에서 레이건은 "일자리를 찾지 못한 이들에게 새로운 기회를 만들고, 희망을 버린 이들에게 희망을 복원하겠다."며 이 말을 썼습니다. MAGA 슬로건은 처음부터 경제 회복과 국민 통합의 상징으로 활용되었습니다. 민주당의 빌 클린턴도 1992년 대선 유세에서 유사한 문구를 몇 차례 사용했고, 힐러리 클린턴의 경선 광고에도 잠깐 등장했습니다. 본격적으로 전국적인 상징성을 띠게 된 것은 트럼프 캠페인을 통해서입니다.

트럼프는 2012년 일찌감치 "Make America Great Again." 문

구를 상표로 출원하여 독점 사용권을 확보했습니다. 2015년 대선 출마 선언과 함께 이 구호를 전면에 내세웠습니다. MAGA를 새겨 넣은 빨간 모자는 불티나게 팔렸습니다. 파생 표현들도 등장했습니다.

2020년 재선 운동을 할 때 트럼프는 "Keep America Great."을 새로운 구호로 사용했습니다. 자신이 통치한 미국은 위대해졌기 때문에 그 위대함을 유지하려면 자신을 한 번 더 대통령으로 뽑아달라는 거였죠. "America First." 역시 트럼프가 자주 사용한 말입니다. 이 표현은 원래 1940년대에 미국의 제2차 세계대전 참전을 반대하던 고립주의 운동에서 유래한 구호입니다. 트럼프는 취임 연설에서 "America First."를 외쳤습니다.

::
2024년 7월 미국 내슈빌에서 열린 비트코인 컨퍼런스에 트럼프가 등장했을 때 지지자들이 쓰고 있던 MAGA 모자.

대통령님, 이상하지 않습니까? 이미 위대했고, 1등을 놓치지 않는 미국이 굳이 왜 이런 구호에 반응할까요.

코로나 팬데믹 전후로 전 세계 경제는 그야말로 죽었다 살아나는 경험을 했습니다. 미국도 예외는 아닙니다. 세계의 수도 뉴욕에서 사망자가 속출했고, 영안실을 찾지 못해 냉동 컨테이너에 시신을 보관해야 했습니다. 미국의 중앙은행, 연방준비제도(Fed, 이후 연준)가 초저금리, 아니 마이너스 금리를 불사하며 돈을 풀어서 경제를 되살려냈습니다.

팬데믹 이후 세계 경제는 빠른 속도로 회복했는데요, 특히 미국의 회복력이 월등했습니다. 미국 기업들의 수익성이 제일 높았고, 미국 주가가 가장 빨리, 가장 많이 올랐습니다. 미국 국채는 세계에서 가장 안전한 자산이고, 미국 달러는 세계에서 가장 강력한 돈입니다. 유럽, 중국, 일본, 한국도 경제가 좋아졌지만 미국만큼은 아니었습니다. 전 세계 투자 자금은 미국으로, 미국으로 향했습니다. 이른바 아메리칸 익셉셔널리즘(American Exceptionalism)입니다. 미국 경제의 놀라운 회복력이 팬데믹 이후에 다른 어떤 나라보다 '예외적'이기에 당연히 주가도 높고, 당연히 미국에 투자해야 한다는 논리입니다. 월스트리트에는 돈이 홍수처럼 쏟아졌습니다. 월가 투자 은행들은 유사 이래 최고의 호황을 누렸습니다. 월가의 금융맨들은 두툼한 보너스를 받고 호화로운 파티를 즐겼습니다. 그렇다면 메인스트리트는 어땠을까요?

최초의 암호화폐 대통령

대통령님, 저는 2024년 여름 미국 대선이 한참 열기를 뿜기 시작할 무렵 미국 뉴욕에 있었습니다. 당시 트럼프 후보가 저격을 받고 쓰러졌다가 피를 흘리며 두 주먹을 불끈 쥐고 일어서는 사진을 보셨을 겁니다. 이 사진은 미국인들에게 '트럼프 대통령 당선 확정'과 마찬가지의 흥분을 불러일으켰습니다. 트럼프는 피습 직후 내슈빌에서 열리는 비트코인 컨퍼런스 행사에 참석했습니다. 서울에서 관련 뉴스를 챙기던 저는 비행기표를 끊어 내슈빌로 갔습니다. 예정에 없던 취재였지만, 가지 않을 수 없었습니다. 트럼프 후보는 비트코인을 국가 전략 자산으로 비축하겠다는 공약을 현지 언론에 살살 흘리고 있었습니다. 디지털 자산 시장을 전문적으로 취재하는 우리 신문사는 순회 특파원으로 저를 미국에 급파했습니다.

내슈빌 연설 현장에서 "비트코인은 모르지만, 그냥 트럼프가 좋다."는 지지자를 만났습니다. 트럼프 연설을 듣기 위해 코엑스 행사장의 두 배 크기에 달하는 컨벤션센터를 휘감고 입장을 기다리는 인간 띠를 봤습니다. 금속 탐지기를 통과해 트럼프가 설 무대 앞까지 가는 데 오전 반나절을 다 허비했습니다. 입장객들이 끊임없이 몰려들었습니다.

트럼프는 오후 늦게 메인 무대에 올랐습니다. 트럼프는 장황한

::
2024년 7월 미국 내슈빌에서 열린 비트코인 컨퍼런스 행사장.
대통령 후보였던 트럼프의 연설을 듣기 위해 줄을 서서 기다리는 사람들.

연설을 하는 것으로 유명합니다. 이날도 연설 초반 30퍼센트는 자신이 총 맞은 이야기에 할애했습니다. 저격 탄환이 1센티미터만 움직였어도 트럼프는 쓰러져 일어나지 못했을 겁니다. 트럼프는 자신이 새로운 생명을 얻었다고 말했습니다. 연설 후반부는 민주당과 민주당 해리스 후보 욕으로 채워졌습니다. 비트코인 공약은 맨 마지막에 5분 정도를 썼습니다. 트럼프 연설을 듣고 있던 비트코인 컨퍼런스 행사장 사람들에게 트럼프는 이미 미국 최초의 암호화폐 대통령이었습니다.

뉴욕의 미친 물가

내슈빌 취재를 끝내고 뉴욕으로 넘어갔습니다. 미국에서는 2024년 1월부터 비트코인을 기반으로 하는 상장지수펀드(ETF)가 거래되었습니다. 우리나라에서는 모든 외국 주식을 거래할 수 있지만, 비트코인 ETF만은 매매가 금지되어 있습니다. 미국에서는 비트코인이라는 암호화폐가 평범한 금융 상품입니다. 한국에서는 비트코인 ETF가 '예외적으로' 금융 상품이 아닙니다. 코리안 익셉셔널리즘입니다. 비트코인 ETF는 월가에서도 유례를 찾을 수 없을 정도로 성공한 대박 상품입니다. 비싼 비행기표를 끊었으니, 트럼프 연설만 듣고

서울로 돌아올 수는 없었습니다. 뉴욕으로 가서 비트코인 ETF 운용사와 블록체인 개발자들, 암호화폐로 사업하는 사람들을 취재했습니다. 마침 맨해튼 콜롬비아대학교에서 블록체인 기술 과학 세미나가 일주일 동안 열렸습니다. 그곳에서 미국과 전 세계에서 온 블록체인 기술자들도 만났습니다.

지난 여름 취재 기록은 〈블록미디어〉에서 기사로 찾아보실 수 있는데요, 기사로 쓰지 못한 부분이 있습니다. 내슈빌과 뉴욕에서 머물던 두 달 간의 생활, 미국의 일상을 말씀드리겠습니다.

뉴욕에 도착하자마자 저는 사기를 당했습니다. 에어비앤비로 숙소를 예약했는데 집 주인이 사기꾼이었습니다. 에어비앤비 고객센터에 2시간 넘게 항의 전화를 한 후 새로운 숙소를 찾아가는 데 하루를 다 썼습니다.

맨해튼의 물가가 살인적이라는 것은 예상을 하고 갔습니다. 그러나 진짜진짜 입이 다물어지지 않을 정도로 비쌌습니다. 지하철을 이용해서 맨해튼으로 접근하기 좋은 지역에 쉐어 하우스를 잡았는데요, 서울의 웬만한 직장인 월급을 방값으로 지불해야 했습니다. 먹는 거 마시는 거 서울의 두세 배를 각오해야 했습니다. '뉴욕 시민들은 이 물가를 어떻게 견디지?' 팬데믹 이후 뉴욕 근로자 급여가 많이 올랐습니다. 팬데믹은 끝났지만 감염에 대한 우려가 일부 남아 있었습니다. 대도시에서는 정기적으로 출근하는 인력을 구하기 어려웠습니다. 자연스럽게 임금이 올랐습니다. 동시에 살인적인 물가가 덮친 겁니다. 급여가 딱 먹고 살 수 있을 정도로만 올랐습니다. 자본주의 시장 경제는 정말 놀랍습니다. 임금과 물가가 절묘하게 균형을 맞추도록 조정되었습니다.

시장 경제로도 쉽게 해결되지 않는 문제가 있었습니다. 집. 뉴욕은 꽉 짜인 공간입니다. 더 이상 대규모 주택 단지를 만들 수 없습니다. 천정부지로 상승하는 집값을 잡을 방법이 없습니다. 우리나라처럼 대출을 억제하거나, 신도시를 짓는 것은 상상도 못합니다. 룸 쉐어가 가장 현실적인 대안입니다. 20대 청년도, 은퇴한 70대 노인도 인터넷에서 룸메이트를 구합니다. 직장은 있지만 급여가 넉넉지 않은 청년과 빈 방은 있지만 수입이 없어서 렌트를 줘야 하는 노인이 매칭됩니다. 이런 현상이 맨해튼에만 있는 게 아닙니다. 주택 공급은 시간이 걸리는 문제라서 미국의 주요 대도시 인근에 동일한 현상이 나타났습니다. 팬데믹이 한창일 때 재택근무가 이뤄지면서 미국인들은 "아예 집을 사자."라며 주택 가수요까지 발생했습니다. 돈이 있어도 집을 못 구합니다. 돈을 더더더더 많이 줘야만 겨우 집을 구합니다.

맨해튼의 여름은 찬란합니다. 센트럴파크의 짙푸른 잔디, 휘황찬란한 5번가의 명품숍들, 관광객으로 평일에도 발 디딜 틈이 없는 타임스퀘어, 세계 최고 뮤지컬을 볼 수 있는 브로드웨이. 이 멋진 도시에서 30분만 벗어나면 지하철에서 초콜릿을 파는 히스패닉 소녀를 만날 수 있습니다. 하루는 지인이 맛집이라며 베트남식 쌀국수집에 가자고 해서 따라갔습니다. 서울로 치면 1980년대 영등포역 근처 노

포 느낌이 났습니다. 맨해튼에도 이런 곳이 있구나 하며 저녁을 먹고 있었습니다. 그런데 갑자기 흑인 한 명이 가게 안으로 불쑥 들어오는 겁니다. 직장을 잃었답니다. 배가 고프답니다. 도움을 달랍니다. 식당 주인은 물론 밥을 먹던 손님들이 일제히 얼어붙었습니다. 덩치가 좀 있는 주방장이 나와서 살살 달래며 그 사람을 매장 밖으로 데리고 나갔습니다. 2024년 7월 뉴욕에서 겪은 실제 일입니다. 다시는 그 식당에 가고 싶지 않더군요.

"아메리칸 익셉셔널리즘? 그건 돈이 넘치는 월스트리트에만 적용된다. 메인스트리트와 그곳에 사는 사람들은 그야말로 예외다. 미국은 맛이 갔다." 제가 취재 메모장에 남긴 당시의 기록입니다.

'MAGA'는 진짜 통할까?

트럼프의 MAGA가 먹히는 것은 메인스트리트 때문입니다. 미국은 최고 부자 나라입니다. 그러나 모든 미국인이 부자는 아닙니다. 격차가 너무 심합니다. 메인트스트리트에는 "왜 내가 이런 대우를 받아야 해?"라며 분노하는 아메리칸 시티즌들이 넘칩니다. 트럼프는 "미국을 다시 위대하게" 만들기 위해서는 "그들"을 손봐줘야 한다고 말합니다. 미국 외에 다른 나라가 모두 '그들'입니다. 트럼프의

MAGA는 경제, 무역, 외교 분야에서 '싸움'을 전제로 합니다.

미국의 전통적인 우방, NATO 동맹국들도 예외가 아닙니다. 트럼프는 유럽이 요구하는 환경 규제를 '손봐 줄 대상'의 하나로 봅니다. 오바마 시절에 환경 규제가 강화되었습니다. 석탄 산업과 에너지 산업이 천덕꾸러기 신세가 되었습니다. 트럼프는 취임 직후 석탄 광산 재가동과 석유 시추 확대를 허용하는 행정명령에 서명했습니다. 국내 에너지 산업을 되살려 일자리를 창출하겠다고 말했습니다. 국제 기후변화협약에서는 또 탈퇴했습니다.

"내가 먹고 사는 게 우선이지 환경이 무슨 대수냐."라는 태도입니다. 이건 메인스트리트에 사는 사람들에게 중요합니다. 미국은 자동차 없이는 살 수 없는 나라죠. 휘발유 가격이 어떻게든 내려가는 게 좋습니다. 트럼프 경제 공약을 설계한 베센트 재무장관은 3-3-3을 강조합니다. 마지막 3이 '일일 원유 생산량을 300만 배럴 늘리자.'입니다.

미국 알래스카 주지사가 탄핵 정국 와중에 한국에 왔습니다. 천연가스 개발에 한국을 끌어들이기 위해 온 겁니다. 알래스카 땅 밑에는 가스, 원유, 각종 자원이 있을 텐데, 지금까지는 개발을 제한해 왔습니다. 환경주의자들 때문에요. 트럼프는 그런 거 없습니다. "드릴, 베이비, 드릴(Drill, Baby, Drill)."을 외칩니다. 파고, 또 파! 원유를 끌어올려! 미국 석유 회사들이 신이 났을까요? 취임 후 휘발유 가격이 떨어진 것을 트럼프는 치적으로 자랑합니다.

트럼프의 MAGA로 미국인들은 행복해질 수 있을까요? 동맹들과 사이가 틀어지고, '그들'을 적으로 돌리고, 미국이 지켜온 '가치'를 외면하면서? 트럼프는 바보가 아닙니다. MAGA를 공장 몇 개 짓는 것으로 생각하시면 안 됩니다. 트럼프는 미국을 영원한 제국으로 만들고 싶어 합니다. 트럼프 자신도 구닥다리 제조업만으로는 그게 안 된다는 것을 알고 있을 겁니다. MAGA 구호는 선거 공학적으로 써먹는 것이고, 트럼프가 마음에 둔 무기는 밴스 부통령이 쥐고 있는 것 같습니다.

트럼프 정권은 연합 정권

트럼프 대통령은 벌써 3선 이야기를 합니다. '현재로써'는 다시 미국 대통령이 될 수 없습니다. 이미 두 번째로 대통령을 하는 거니까요. 헌법을 고치거나, 새롭게 해석하지 않는 한요. 트럼프 정권을 만든 힘을 'MAGA 세력'과 '페이팔 세력'이라고 보면 상당히 재미있는 스토리가 나옵니다. 트럼프 정권을 연합 정권으로 보는 시각입니다.

트럼프 제1기 때 공화당 내에서 그의 입지는 별것 없었습니다. 공화당의 어른들로부터 견제도 많이 받았습니다. 트럼프 제2기는 다릅니다. 공화당 내에 그의 말을 거역할 자가 없습니다. 대신 트럼프 행정부를 떠받치는 다른 한 축이 있습니다. 일론 머스크로 대표되는 실리콘밸리의 억만장자들만이 트럼프 정책에 균형추 노릇을 할 수 있습니다.

대통령님, 이런 질문을 해보시면 이해가 쉽습니다. 트럼프는 월스트리트 사람인가요, 메인스트리트 사람인가요?

트럼프는 뉴욕에서 태어나 뉴욕에서 자라고, 뉴욕에서 사업으로 성공한 사람입니다. 넓은 의미로 월스트리트 사람입니다. 부동산 개발을 할 때 반드시 따라오는 것이 금융입니다. 트럼프는 금융가에도 발이 넓습니다. 그러나 트럼프는 100퍼센트 월스트리트 사람은 아닙니다. 트럼프가 야인으로 물러나 있을 때, 미국의 대형 은행인 뱅크오브아메리카는 트럼프 주변 사람들의 은행 계좌를 동결한 적이 있습니다. 트럼프가 대통령에 취임한 직후 스위스 다보스 포럼이 열렸습니다. 트럼프가 영상으로 연설을 했는데요. 그 연설은 은행 산업에 대한 것이었고, 문제의 뱅크오브아메리카 CEO도 현장에 있었습니다. 트럼프는 "뱅크오브아메리카 같은 대형 은행이 내 주변 사람들 계좌를 정지시킬 정도로 횡포가 심하다."고 직격했습니다. 화면이었지만 해당 은행장 면전에서 망신을 준 겁니다. 트럼프는 뒤끝이 있는 사람입니다. 트럼프가 새로운 금융, 디지털 자산, 암호화폐에 관심을 갖는 것도 다 이유가 있습니다.

트럼프는 메인스트리트 사람인가요? MAGA를 외치는 것만 보면 미국의 제조업을 부활시키려는 친 기업 정치가처럼 보입니다. 트럼프에게 정치 자금을 주는 기업들은 중후장대 제조업 기업 외에도 거대 기술 기업, 테슬라 같은 벤처 기업에서 성장한 기업 등 다양합니다. 트럼프를 재계를 대표하는 인물이라고 보기 어렵습니다. 실제 사례가 있습니다. 트럼프는 미국 동부 연안 항만 노조의 지지를 받았습니다. 이 노조는 악명(?) 높은 귀족 노조인데요. 부두의 하역 노동자들이 가입합니다. 항만을 이용하는 기업, 선주들과 협상을 통해 고임금을 쟁취한 것으로 유명합니다. 항만 노조원의 시간당 임금은 무려 63달러에 달합니다. 미국의 최저 시급은 16~20달러 수준입니다. 트럼프가 막 대통령으로 취임할 무렵, 항만 노조가 파업을 경고했습니다. 사용자 측에서 자동 설비, 로봇 등을 확충해 하역 시스템을 기계화하겠다고 발표했기 때문입니다. 노조는 하역 설비가 도입되면 일감이 줄어들고, 임금도 떨어질 것으로 본 겁니다. 트럼프는 누구 편을 들었을까요? 노조 편을 들었습니다. 자동 설비를 좀 더 천천히 도입하라며 사측을 설득했고, 노조는 파업을 철회했습니다.

트럼프는 월스트리트와 메인스트리트의 중간 어디쯤에 서 있습니다. JD 밴스 부통령은 어떻습니까. 밴스는 페이팔 마피아가 트럼프 캠프에 꽂아 넣은 인물입니다. 일론 머스크와 피터 틸이 트럼프에게 부통령 후보로 수차례 밴스를 추천했습니다. 트럼프가 서부 지역 선거 유세를 할 때, 실리콘밸리 억만장자들이 선거 자금 모금을 위한 만찬을 열었는데요. 그때마다 트럼프를 따로 만나 부통령으로 밴스를 언급했습니다. 아이오와 상원의원으로 중앙 정계에서는 무명이나

다름없는 밴스가 부통령에 낙점되었을 때 워싱턴 정계가 깜짝 놀랐습니다. 밴스는 월스트리트도 아니고, 메인스트리트도 아닌 실리콘밸리 파워입니다.

실리콘밸리의 억만장자들은 월스트리트와 메인스트리트 어디에도 속하지 않습니다. 월스트리트를 금융, 메인스트리트를 제조라고 간단하게 생각해 보겠습니다. 테슬라는 자동차 제조업체입니다. 그러나 테슬라는 보통의 자동차 회사가 아닙니다. 금융도 할 수 있습니다. 테슬라 자동차는 직판입니다. 다른 자동차 회사들이 판매 회사인 딜러 망을 쓰는 것과 달리 테슬라는 자신이 직접 자동차를 팝니다. 마음만 먹으면 보험 회사도 직접 하고, 자동차 론도 직접 할 수 있습니다. 테슬라의 완전자율주행 자동차가 대대적으로 상용화되면 보험이 매우 중요합니다. 자율주행차가 사고를 내면, 그건 운전자의 잘못인가요, 제조사인 테슬라의 잘못인가요? 보험료와 보험금을 어떻게 처리해야 하나요? 너무나 생소한 이 문제를 테슬라는 자신이 직접 보험사를 세우는 것으로 해결할 수 있습니다.

트럼프 정권을 정치적 이념으로써의 MAGA 세력과 신기술과 신사업으로 무장한 페이팔 세력의 연합이라고 보면, 트럼프를 다루는 방법도 두 갈래 길이어야 한다는 것이 명백해집니다. MAGA 세력과 논의해야 할 딜과 페이팔 세력과 협상해야 할 딜이 따로 있습니다.

머스크는 컴퓨터라는 무기를 들고 싸웁니다. MAGA는 진짜 미사일을 들고 싸웁니다. 미국을 다시 위대하게 만들기 위해 적들을 무찔러야 한다며, MAGA 지지자들은 총을 들고 의사당으로 달려갔습니다. 트럼프가 2020년 대선에서 바이든에게 패한 이후에 진짜 그런 일이 벌어졌습니다. 트럼프가 2024년 재집권한 후 머스크는 DOGE 활동을 하면서 공무원들을 숙청했는데요. 머스크의 무기는 총이 아니라 컴퓨터였습니다.

MAGA 세력에게는 공장을 지어주겠다고 해야 합니다. 현대자동차 정의선 회장이 그렇게 했습니다. 그런데 페이팔 세력에게는 어떤 딜을 제안하죠? 대통령님, 참모들을 불러 모으십시오. 관세 협상의 주된 대상은 반도체, 자동차가 맞지만, 트럼프 정권을 움직이는 페이팔 세력에게도 당근을 줘야 합니다. 페이팔 세력에게 어떤 제안을 할 것인지 머리를 짜내라고 하십시오. 앞서 제가 말씀드린 새만금 코인, 테슬라 코인을 이용한 테슬라 공장 유치 같은 '상대편이 도저히 거절할 수 없는 제안'을 짜내라고 하십시오.

트럼프보다
트럼프스러운 밴스

밴스 부통령 이야기를 좀 더 하겠습니다. 트럼프 대통령이 차기 대선에 출마하지 않으면, 차기로 가장 유력한 것은 밴스 부통령일 겁니다. 밴스는 중앙 정치 무대에서는 초보죠. 밴스의 언행을 보면 트럼프스러운 부분이 여럿 발견됩니다. 젤렌스키를 백악관에서 쫓아낸 설전의 주인공이 밴스였습니다. 트럼프와 밴스가 사전에 짜고 그런 장면을 연출했는지 알 수 없지만, 두 나라 정상이 대화하는 가운데 밴스 부통령이 끼어듭니다. 주먹질만 안 했지, 젤렌스키를 말로 흠씬 두드려 팼습니다.

미국 부통령은 존재감이 잘 드러나지 않는 위치입니다. 주연은 어디까지나 대통령이니까요. 웬만해서는 말을 하지 않습니다. 밴스는 다릅니다. 트럼프의 공약인 그린란드 병합도 밴스 부통령을 통해 강렬한 메시지가 나가고 있습니다. 밴스 부통령이 그린란드에 있는 미군 기지를 방문했습니다. 미국이 그린란드를 사들이고 싶다는 말을 수차례 했습니다. 그린란드 입장에서는 기가 찰 노릇입니다. 미국은 그린란드에 6억 달러 이상의 보조금을 줄 수 있다며 추파를 던집니다. 그린란드 미군 기지 사령관은 기지에 근무하는 현지인들과 어색한 관계가 만들어지는 것을 피하고 싶었던 모양입니다. "밴스 부통령의 발언이 어떤 배경에서 나온 것인지 모르지만, 기지의 입장은 아니다."라는 메일을 보냈습니다. 국방부가 이 사실을 알았습니다. 사령관을 즉시 교체했습니다.

밴스 부통령은 가족주의 이념으로는 트럼프보다 더 보수적입니다. 미국 보수주의의 정점에는 가족이 있는데요, 낙태를 놓고 진보 진영과 충돌합니다. 밴스는 15주 이상 태아에 대한 낙태에 반대합니다. 연방 정부가 아니라 주정부에서 낙태법을 만들어야 한다고 주장합니다. 반면 트럼프는 지난 선거 과정에서 낙태 이슈를 교묘하게 이용했습니다. 여성 표를 의식해서 낙태에 대해 전략적 모호성을 보였습니다. 무제한적인 낙태에는 반대한다면서도 '경우에 따라' 낙태를 수용할 수 있다는 애매한 태도를 보였습니다. 선거 막판에 가서야 "연방 정부에서 낙태법을 내놓으면 거부권을 쓰겠다."고 했습니다.

트럼프는 단지 가족이 많다는 이유로 세금 혜택을 주거나, 보조금을 지급하는 것에 반대합니다. 밴스는 아닙니다. 가능하면 아이들을 많이 낳아 키우는 것이 미국의 건강한 가족을 위해 필요하고, 이를 연방 정부가 지원할 수 있다는 입장입니다. 미국 의회에서 감세안이 본격적으로 논의되고 있죠. 아동 수당, 대가족 감세 혜택 등에서 트럼프와 밴스 중 누구의 입장이 반영될 것인지 주목됩니다.

밴스는 가족주의 관점에서 보면 트럼프 이상으로 트럼프스러운 면이 있습니다. 훨씬 오른쪽에 있습니다. 만약 트럼프 정권이 내부에서 권력 투쟁을 벌인다면 밴스가 어떻게 나오는지를 잘 보셔야 합니다. 트럼프는 미국 역사상 유일무이한 독특한 캐릭터의 대통령입니다. 트럼프를 더 오른쪽의 트럼프로 대체할 수 있는 인물은 밴스 부통령이 가장 유력합니다.

트럼프 제2차 집권 초기 헤게모니는 MAGA 세력이 잡은 것으로 보입니다. 트럼프의 관세 정책은 MAGA의 문제의식을 고스란히 담고 있습니다. 머스크는 관세 정책에 속도 조절이 필요하다는 입장이

지만 잘 먹혀들지 않았습니다. 미국의 국채 시장에 난리가 난 뒤에야 트럼프가 한 발 물러섰으니까요. 트럼프가 머스크 말도 귓등으로 들은 겁니다. 트럼프는 관세를 세상에서 가장 아름다운 단어라고 할 정도로 관세에 집착합니다. 관세가 도대체 무엇이길래, 트럼프 대통령을 이렇게 사로잡은 것일까요?

HOW TO DEAL WITH DONALD TRUMP

3장

트럼프와 달러: 기축 통화를 리셋하려는 겁니다

트럼프 정권을 구성하는 또 다른 세력은 사실 월스트리트에서 왔습니다. 'MAGA 세력+페이팔 세력'을 주축으로 하고 '네오 월가 세력'이 가세한 거죠. 네오(Neo)를 붙인 이유는 정통 월스트리트 투자 은행, 대형 은행과 달리 '변칙적인' 아이디어와 실행력을 가지고 있기 때문입니다.

네오 월스트리트 세력은 페이팔 세력처럼 차기 권력자를 내부에 침투시키지는 않은 것 같습니다. 트럼프 이후를 놓고 백악관에서 권력 투쟁이 벌어진다면 네오 월스트리트 세력은 관망할 겁니다. 네오 월스트리트 세력은 트럼프 정권에서 주로 이론적 논리를 제공하면서 일부 행정 권력을 잡고 있습니다. 앞 장에서 언급한 애크먼은 트럼프에 선거 자금을 댔지만 내각에 들어가지도 않았죠. 트럼프 내각에 진입한 네오 월스트리트 세력의 대표적 인물은 스콧 베센트 재무장관과 하워드 루트닉 상무장관입니다.

베센트 장관은 과거 민주당에도 선거 자금을 댔습니다. 트럼프와 정반대 쪽에 서 있는 조지 소로스 사단의 일원이었던 적도 있습니다. 소로스는 소로스 펀드라는 대형 헤지펀드를 운용하면서 미국 진보 정치인들을 후원하고 트럼프를 비판하는 데 돈을 쓰고 있습니다. 트럼프가 극도로 싫어하는 인물입니다. 베센트는 소로스 펀드가 영국 파운드화를 공격할 때, 정교한 리서치 보고서를 낸 것으로 유명합니다. 이 보고서에 근거해서 소로스는 1992년 영국 중앙은행에 맞서 파운드를 폭락시켰고, 항복을 받아냈습니다. 헤지펀드가 중앙은행을 패퇴시킨 이 사건은 월가에서도 신화적인 일로 받아들입니다. 소로스 펀드를 유명하게 만든 베센트는 이후 일본 엔화 투자에서도 성과를 냈습니다. 일본 경제를 잘 아는 대표적인 헤지펀드 매니저 중 한 명입니다.

아베 신조 전 일본 총리의 '세 개의 화살' 정책을 본떠서 트럼프의 경제 공약에 '3-3-3' 정책이라는 이름을 붙일 정도입니다. 아베 전 총리는 강력한 경기 부양책으로 일본을 장기 불황의 늪에서 구해냈는데요. 베센트도 미국에 대해 비슷한 정책을 쓰겠다는 구상을 가지고 있습니다. 첫 번째 3은 '재정적자를 GDP의 3퍼센트로 묶는다.' 입니다. 두 번째 3은 '성장률 3퍼센트를 유지한다.'입니다. 세 번째 3

은 앞서 언급한 대로 '하루 원유 생산량을 300만 배럴 증산'하는 겁니다. 첫 번째와 두 번째 3은 지금부터 말씀드릴 내용과도 밀접한 관련이 있습니다.

월가에서 보낸 대리인들: 베센트와 루트닉

베센트와 함께 트럼프 내각에 들어간 루트닉 상무장관도 월가 출신입니다. 이른바 셀 사이드(Sell Side) 금융맨입니다. 월스트리트에도 갑을 관계가 있습니다. 펀드 매니저가 매매 주문을 내면 그 주문을 실행하는 딜러가 있습니다. 딜러는 정해진 브로커에게 주문을 전달합니다. 브로커는 최선의 가격으로 딜러의 매매를 실행합니다. 딜러가 좋은 가격으로 매수·매도를 이행하면 펀드 매니저가 이를 평가합니다. 펀드 매니저와 딜러는 바이 사이드(Buy Side)라고 합니다. 돈을 가지고 있는 쪽이죠. 브로커는 셀 사이드입니다. 바이 사이드에게 "좋은 물건이 있는데요." 하면서 영업을 하는 겁니다.

루트닉은 월가에서 손에 꼽히는 대형 브로커 회사의 CEO였습니다. 루트닉은 불굴의 사나이입니다. 9·11 테러 당시 그의 회사가 바로 맨해튼 쌍둥이 건물에 있었습니다. 테러리스트의 비행기가 쌍둥이 건물을 들이받았고, 루트닉 회사 직원의 80퍼센트가 이날 참변을 당했습니다. 그의 동생도 이때 죽었습니다. 루트닉은 아이들을 학교에 등교시키느라 출근을 늦게 하는 바람에 테러를 피할 수 있었습니다. 루트닉은 폐허 더미에서 회사를 되살렸습니다. 월가 최고의 브로커 회사로 키워냈습니다.

루트닉은 트럼프가 대통령이 되자, 재무장관 자리를 원했습니다. 베센트와 치열하게 자리싸움을 벌였는데요, 트럼프는 베센트를 재무장관에 낙점했습니다. 대신 루트닉을 관세 정책의 핵심 실행 부서인 상무장관에 기용했습니다. "돌격 대장은 너야."라며 신임을 아끼지 않았습니다. 베센트와 루트닉은 트럼프 정권에서 중요한 테크니션(기술자)이지만 권력 재창출 의지나 세력은 없는 것으로 보입니다. 이 점이 머스크가 주도하는 페이팔 마피아 세력과 다른 점입니다.

베센트와 루트닉은 엄밀하게 말하면 월가의 핵심 주류는 아닙니다. 소로스 펀드가 중앙은행을 공격할 정도로 막강한 힘을 가지고 있었지만, 월가의 본류는 역시 투자 은행입니다. JP모건체이스, 뱅크오브아메리카, 골드만삭스, 시티뱅크 등입니다. 월가 본류가 백악관에 살짝 노크하려는 움직임이 없었던 것은 아닙니다. JP모건체이스를 이끄는 제이미 다이먼 CEO는 공화당과 민주당 양쪽에서 러브콜을 보내는 인물입니다. 별명이 월가의 황제입니다.

다이먼을 차기 민주당 대선 후보로 만들어야 한다는 이야기가 민주당 쪽에서 나오기도 했습니다. 다이먼 자신도 현업에서 은퇴해야 할 시점이 다가오니 여러 가지 생각을 하는 것 같습니다. 명확하게 이야기하지는 않지만 "마지막으로 국가를 위해 봉사할 수도 있지."라며 정치 참여에 대한 여운을 남겼습니다. 현재까지는 은행 경영에 전념하고 있습니다. JP모건의 다이먼에 비하면 베센트와 루트닉은 월가를 대표하는 특 A급 선수는 아니죠. 정통 금융 이론 측면에서도 이들은 월가에서 쉽게 받아들여지지 않는 이론을 추구합니다. 트럼프의 관세 정책이 미국병을 치유하는 데 도움이 된다는 이론입니다.

경제학 교과서, 투자론 교과서에서는 관세를 중요하게 생각하지 않습니다. 관세도 세금이니만큼 자유 무역, 시장 경제 측면에서 제한적으로 사용해야 한다고 권고합니다. 그러나 트럼프는 관세를 전면에 내세웠고, 관세를 레버리지로 방대한 무역 협상을 시도하고 있습니다. 그 협상에는 국가 안보, 글로벌 방위 등 군사적인 요소까지 포함됩니다. 월가는 돈이 되는 것은 다 좋아하지만, 전쟁은 싫어합니다. 전쟁이 터지면 돈을 버는 곳이 있습니다. 그런 곳에 투자를 하기도 합니다. 그러나 전쟁은 컨트롤하기가 너무너무 어렵습니다. 제어할 수 없는 불확실성은 투자의 적입니다. 트럼프도 전쟁은 싫어합니다. 트럼프 집권 제1기에 미국은 어떤 나라와도 대규모 전쟁을 벌이지 않았습니다. 전쟁은 비용이고, 그 비용의 대부분을 미국이 댑니다. 트럼프는 그걸 싫어합니다. 가능하면 전쟁을 하지 않는 길을 택했습니다. 다만, 언제든 미사일 단추를 누를 수 있다는 점은 강조합니다. 포커의 블러핑을 국가 안보 전략에도 쓰는 겁니다.

월가는 베센트와 루트닉이 트럼프 옆에서 관세의 부정적인 측면을 잘 조정해 줄 것으로 기대했습니다. 월가의 기대는 부분적으로 맞아떨어졌지만, 피해가 너무 컸습니다. 트럼프의 핵폭탄급 관세 조치로 월가 주식 시장 시가 총액이 하루 만에 3조 달러 증발했습니다. 국채 시장에 쓰나미가 덮치고, 2008년 금융위기, 2020년 팬데믹 수준의 위험이 발생했습니다. 연준이 개입을 해야 한다고 설득하자 겨우 90일 관세 유예 조치가 나왔습니다. 베센트는 "트럼프 대통령이 모든 것을 결정했으며, 이는 협상을 위한 전략"이라고 말했습니다. 월가는 가슴을 쓸어내려야 했습니다. 트럼프가 정말로 극한의 위기까지 몰고 간 후 의도적으로 관세 유예를 한 것인지, 베센트의 말을 듣고 물러선 것인지는 끝까지 알 수 없을 겁니다. 월가는 베센트가 제 역할을 하고 있는지 의심합니다. 트럼프 관세는 그만큼 위험합니다.

관세 미사일의 토대,
스티븐 미란 보고서

트럼프에게 이처럼 위험한 도박을 하도록 부추긴 세력은 누구일까요? 관세가 미국의 가장 곤란한 문제, 즉 제조업을 부활시키고, 막대한 재정 적자 문제를 풀 마법의 열쇠라는 인식을 누가 심어준 걸까요? 트럼프 자신입니다. 트럼프는 2016년부터 관세로 중국을 공격함으로써 미국을 다시 강하게 할 수 있다고 믿었습니다.

지난 대선에서도 트럼프는 이 공약을 그대로 밀고 나갔습니다. 이후 여기에 정교한 이론적 배경도 덧붙였습니다. 트럼프 관세 정책의 전모는 2024년 11월 허드슨 베이 캐피탈이 발간한 보고서(A User's Guide to Restructuring the Global Trading System)에 이미 모두 담겨 있습니다. 허드슨 베이 캐피탈은 월가에 흔한 헤지펀드입니다. 이 보고서를 쓴 스티븐 미란 수석은 한때 재무부에서 일한 경력이 있습니다. 미란은 트럼프 대통령이 취임한 이후 대통령 경제자문위원회 위원장이 되었습니다. 트럼프 관세 정책을 열렬히 옹호하면서 각종 방송에 출연해 정책을 설명하는 역할을 하고 있습니다.

미란 보고서는 40페이지가 조금 넘는 분량입니다. 전 세계를 대혼란으로 몰아넣은 관세 정책의 설계도치고는 분량이 많지 않습니다. 그런데 이 보고서에서 다루는 경제 이론은 사실 꽤 복잡합니다.

보고서는 서론과 결론을 빼면 크게 네 부분으로 되어 있습니다. ① 트리핀(Triffin) 딜레마, ② 관세의 경제학, ③ 통화 협상, ④ 향후 시장의 대응법 등입니다.

대통령님, 미란 보고서의 주장은 주류 경제학에서 굉장한 논란이 되는 내용입니다. 따라서 이 주장이 맞느냐 틀리냐를 따지는 것은 무의미합니다. 트럼프가 이 보고서를 토대로 관세 미사일을 쏜다는 것 자체에 주목하셔야 합니다.

"미란 보고서가 이러이러한 점에서 틀렸으니, 이렇게 나오시면 안 된다."고 따지듯 이야기하면 젤렌스키 꼴이 납니다. "트럼프가 이

A User's Guide to Restructuring the Global Trading System

November 2024

::
스티븐 미란 보고서 표지.

러이러한 점 때문에 미란 보고서를 따라가고 있구나."라고 이해하시는 것이 중요합니다. 트럼프를 만나면 이렇게 말씀하십시오. "주변에 참 영민한 참모들이 많네요. 든든하시겠어요." 하며 우쭈쭈를 해주세요. 그리고 트럼프의 게임을 역으로 치고 나가야 합니다.

미란은 트럼프 행정부의 관세 및 무역 정책을 국방 정책, 통화 정책으로 확장해 설명합니다.

트리핀 딜레마:
경제적 불만의 근원은 달러에 있다

로버트 트리핀은 벨기에 출신으로, 기축 통화 시스템의 모순을 최초로 제기한 경제학자입니다. 미란은 보고서 첫머리에 이렇게 썼습니다. "우리는 트리핀 월드에 살고 있다." 트리핀 월드는 망하게 되어 있습니다. 모든 경제 문제가 여기에서 발생합니다. 기축 통화인 달러는 지속적으로 과대평가될 수밖에 없고, 무역 조건은 미국에 불리하게 돌아갑니다.

제2차 세계 대전 이후 각국은 달러를 원했습니다. 달러가 기축 통화가 되면서 모든 무역이 달러로 이뤄졌습니다. 미국은 세계가 원하는 대로 달러를 공급했습니다. 자유 무역을 신봉하며, 냉전 진영에 맞서기 위해 자유세계에서 큰형 노릇을 했습니다. 미국도 달러 기축 통화로 재미를 봤습니다. 달러가 강해지면 여러모로 편한 것이 많습니다.

달러 가치가 다른 나라 통화에 비해 높게 평가되면 미국은 수입을 하는 게 더 편하다고 느끼게 됩니다. 1달러로 사올 수 있는 물건이 더 많아지니까요. 반대로 외국에서는 미국 제품이 비싸게 느껴집니다.

미국에서 생산한 평범한 나사못이 있습니다. 1개에 1달러입니다. 같은 나사못이 중국에서는 100위안입니다. 1달러가 중국에서 100위안이라고 해보죠. 나사못 가격은 미국이나 중국이나 별반 차이가 없습니다. 그런데 어쩐 일인지 1달러가 1000위안이 되었습니다. 중국에서 1달러로 나사못 10개를 살 수 있습니다. 미국의 건축업자는 중국산 나사못을 수입해 쓰기 시작합니다. 미국의 나사못 공장은 문을 닫습니다.

'1달러=100위안'에서 '1달러=1000위안'이 되었다는 것은 달러 가치가 위안 대비 10배 높아졌다는 뜻입니다. 달러의 이러한 과대평가는 미국 제조업 경쟁력을 약화시킵니다. 나사못 수입이 증가하고, 미국의 무역 적자는 더 커집니다.

미란 보고서는 나사못에서 시작한 위기가 미국 전 제조업으로 확산했다고 '단정적으로' 말합니다. 지역 경제가 침체되고, 많은 노동자들이 생계를 유지할 수 없어 정부 지원금에 의존합니다. 생활 터전을 떠나 더 나은 기회를 찾아 이동해야 하는 상황이 발생했다고 주장합니다. 실제로 미국 제조업 분야 일자리는 감소 추세입니다. 제2차 세계대전 직후 제조업 일자리는 미국 전체 일자리의 40퍼센트에 달했지만, 지금은 10퍼센트가 안 됩니다.

미국 전역에서 '힐빌리의 노래'가 울려 퍼지게 된 겁니다. 밴스 부통령의 고향에서는 일자리 없이 빈둥거리는 사람들이 늘어났습니다. 지역사회 기반 시설이 쇠락하고, 주택과 공장들이 방치되며, 많은 지역들이 황폐해지기 시작했습니다. 중국이 주범입니다. 2000년부터 2011년까지 '차이나 쇼크(China Shock)'로 미국 내 제조업 일자리가 60만~100만 개 사라졌습니다. 더 넓은 범주까지 포함하면, 무역으로 인해 손실된 일자리는 약 200만 개에 달한다는 것이 미란 보고서의 분석입니다.

유일무이 강대국에겐 친구가 없다

냉전 종식 이후 미국은 유일 강대국이 되었습니다. 미국 지도자들은 외국 수입품에 관대했습니다. 적이 없었으니까요. 세계화를 통해 미국 기업은 어디에나 갈 수 있고, 미국 달러는 어떤 물건이든 사올 수 있었습니다. 미국 내 산업 기반이 흔들려도 문제될 것이 없었습니다. 미국의 부는 계속 늘어나는 것처럼 보였으니까요.

미란 보고서는 오늘날 미국이 냉전 시대만큼이나 적국에 의해 경제적 · 군사적으로 위협받고 있다고 지적합니다. 당장 중국에서 희토류를 수입하지 못하면 중요한 전자 기기를 만들 수 없습니다. 미사일에 들어가는 반도체도 만들 수 없습니다. 미국에 희토류가 없는 것은 아니지만 공급망을 만들려면 시간이 걸립니다. 이쯤 되면 경제 문제가 아니라 국가 안보 문제가 되는 겁니다. 미란 보고서는 계속해서 경제와 안보를 번갈아 언급합니다.

"미국이 무기 및 방위 시스템을 자체적으로 생산할 공급망이 없다면, 국가 안보를 유지할 수 없다."

트럼프 대통령이 "강철(철강)이 없으면 국가도 없다(If you don't have steel, you don't have a country)."라고 한 발언은 이러한 배경에서 나온 것입니다. 트럼프 행정부는 미국의 동맹국들이 위급 상황에서 미국의 안보를 보호하는 데 도움을 줄 것인지에 대해 의문을 품고 있습니다. '나는 너희를 도와줬는데, 너희는 급할 때 나를 도와줄 거야?' 트럼프의 이 질문은 사실 뼈 때리는 질문입니다.

미란 보고서는 "많은 동맹국들이 중국과 대규모 무역 및 투자 관계를 맺고 있다. 미국에 위기가 닥쳤을 때 이들이 미국 편에 설 것이라고 확신할 수 있는가?"라는 문제를 제기했습니다.

달러 과대평가가 불러오는 문제들

트리핀 월드는 안보 문제만 일으키는 것이 아닙니다. 경제학 교과서에 따르면 어떤 나라가 지나치게 무역 적자가 심해지거나 무역 흑자가 과대해지면, 균형을 맞추기 위해 통화 가치가 조정되어야 합니다. 즉, 한 국가가 지속적인 무역 흑자를 기록하면 해당 국가의 통화 가치가 상승해야 합니다. 돈을 많이 벌었으니까, 그 나라 돈의 가치가 올라가야죠. 결국 수출이 둔화되고 무역 균형이 회복되는 것이 이상적인 모습입니다.

그러나 미국 달러는 세계 기축 통화(Reserve currency) 역할을 하고 있기 때문에 이러한 조정 과정이 제대로 이뤄지지 않습니다. 트리핀 딜레마에 따르면, 미국은 기축 통화 달러를 전 세계에 계속해서 공급해야만 합니다. 지속적으로 경상 수지 적자를 기록할 수밖에 없습니다.

누가 기축 통화를 하라고 총으로 위협했나? 미국이 스스로 달러 기축 통화 지위를 내려놓으면 되잖아?

하지만 누구도 실제로 그런 상황을 원하진 않을 것입니다. 달러 가치가 곤두박질친다고 생각해 보십시오. 미국의 힘이 급격하게 약화된다고 생각해 보십시오. 우리나라 외환보유액이 4156억 달러인데, 달러로 들고 있는 것이 60퍼센트입니다. 2500억 달러가 휘청휘청하게 됩니다. 가만히 앉아서 자동차 수출 대금이 반 토막이 난다고 생각해 보십시오.

미국도 어쩔 수가 없습니다. 기축 통화의 단맛을 끊을 수 없었던 겁니다. 달러를 전 세계에 공급하기 위해서는, 미국이 계속해서 외국 제품을 수입해야 하고, 이는 미국 제조업을 무너뜨리는 마약이 된 겁니다. 마약은 단번에 끊을 수 없습니다. 금단 현상이 격렬하게 옵니다. 기축 통화 달러의 힘이 어느 정도 약해져야 하죠. 질서 있게, 명분 있게 내려와야 합니다. 트럼프 대통령이 사실은 그걸 하고 있는 겁니다.

기축 통화의 단맛과 쓴맛

미국이 기축 통화국이기 때문에 나타나는 현상은 세 가지입니다.

1. 저렴한 차입 비용

미국에서 받은 수출 대금으로 다른 나라 기업들은 뭘 할까요? 지폐 다발을 쌓아둘 수 없으니 어딘가에 투자를 해야겠죠. 미국 국채를 삽니다. 미국 정부가 원리금을 보장하는 채권이니까 안전합니다. 미국을 상대로 무역을 하는 나라들은 안전한 국채에 투자합니다. 전 세계에서 미국 국채를 찾습니다. 미국 정부도 좋습니다. 쉽게 채권을 발행할 수 있습니다. 금리도 낮습니다. 미국 정부는 급할 때 언제든 채권을 발행할 수 있습니다. 기축 통화의 최대 강점입니다.

미란 보고서는 이러한 강점도 더 이상 작동하지 않는다고 말합니다. 현재 일본, 스위스, 독일 등 일부 국가들은 미국보다 낮은 금리로 국채를 발행합니다. 기축 통화국만 누리던 이점이 점점 사라지고 있습니다.

2. 달러 과대평가

IMF에 따르면 전 세계 외환보유액(Foreign exchange reserves) 중 60퍼센트 이상이 미국 달러입니다. 우리나라도 국가가 위급할 때 꺼내 쓸 수 있는 준비금의 60퍼센트가 달러입니다. 달러는 귀한 돈입니다. 달러만큼 신뢰도가 높은 돈이 없습니다. 따라서 달러 가치는 장기적으로 늘 과대평가되어 왔습니다.

심지어 미국에 변고가 일어나도 외환 시장에서는 달러를 찾습니다. 미국 행정부와 의회는 주기적으로 예산 전쟁을 치릅니다. 연방 정부 부채 한도를 놓고 여당과 야당이 줄다리기를 합니다. 예산안이 제때 통과되지 않으면 임시 예산으로 나라 살림을 하다가, 그것도 안 되면 연방 정부가 멈춥니다. 연방 공무원들이 일을 안 합니다. 셧다운입니다. 이런 위기 상황이 왔는데도 외환 시장에서는 달러 가치가 올라갑니다. 위기일 때 찾는 돈이 달러이기 때문입니다.

코로나 팬데믹 시기 같은 경기 침체기에도 달러와 미국 국채는 '안전자산(Safe-haven asset)'으로써 가치가 더욱 올라갔습니다. 모순입니다. 미국은 기축 통화국으로서 최고의 지위에 있는 것 같지만, 그로 인해 아파도 아프다고 말하지 못하는 환자가 되어가고 있습니다.

3. 글로벌 금융 패권

미국은 국제 금융 시스템을 장악하고 있습니다. 유사시에 금융망을 이용해 경제 제재를 가함으로써 적국을 굴복시킬 수 있습니다. 러시아가 우크라이나를 침공했을 때, 미국은 이 무기를 썼습니다. 러시아 기업과 은행의 국외 자산을 동결하고, 다른 나라 기업과 은행들에게도 러시아와 거래를 하지 못하게 했습니다. 이 경고를 위반하면 똑같이 금융 제재를 가했습니다. 패권 국가 미국이기 때문에 가능한 일입니다. 군사적 개입 없이도 말 안 듣는 나라를 혼내 줄 수 있습니다. 미국이 장기적으로 제재를 가하는 대표적인 나라가 북한과 이란입니다. 북한 문제는 마지막 장에서 다뤄보겠습니다.

판매 개시한
'안보 서비스'

미란 보고서는 미국이 기축 통화국으로 남아 있으면서 스스로 모순에 빠졌다는 것을 인정했습니다. 즉, 강한 달러 정책은 금융·군사적 패권을 유지하는 데 도움이 되지만, 미국 내 제조업 기반을 약화시키는 결과를 초래했습니다. 미국의 힘이 막강할 때는 두 마리 토끼를 모두 잡을 수 있었습니다. 중국이 부상하고, 인도가 부상하고, 브라질이 부상하는 등 제3세계 국가들이 미국 패권에 도전하면서 둘 중 하나를 선택해야만 하는 기로에 서게 된 것입니다.

트럼프는 '안보 서비스'를 상품처럼 팔고 싶어 합니다. 우크라이나 휴전 협상에서 미국은 노골적으로 이 점을 드러냈습니다.

> ❖ 이 전쟁은 미국의 전쟁이 아니니까, 유럽이 알아서 하라. 미국에게 안보를 의탁하고 싶으면 돈을 내라. 미국은 더 이상 호구가 아니다.

유럽이라는 동맹국에게도 이런 태도이니, 다른 나라들에게는 어떻겠습니까. 트럼프 행정부는 무역과 안보 정책을 결합하여 동맹국들이 미국의 경제적 부담을 나눠서 지도록 유도하는 전략을 추진 중입니다.

미국이 제공하는 국방 보호와 기축 통화 지위를 연계, 무역 정책을 보다 유리한 방향으로 끌고 가려는 전략입니다.

무역 불균형을 깨기 위한 '선빵'

미국이 현재의 무역 불균형을 해결하는 방법론은 뭘까요? 트럼프 스타일은 일단 때리고 보는 겁니다. 상대가 미처 준비하기도 전에 공격을 가하는 것이죠. 이른바 일방주의적(Unilateral) 접근법입니다.

대표적인 일방주의 해법이 1971년 닉슨 대통령이 선언한 달러 불태환(不兌換) 선언입니다. 제2차 세계대전 이후 달러는 글로벌 기축 통화로 기능했고, 달러의 가치는 일정량의 금으로 보장받았습니다. 1달러를 미국 재무부에 제출하면 당시 기준으로 0.028온스의 금으로 바꿔줬습니다. 이 규칙이 브레튼우즈 체제입니다. 1944년 미국 브레튼우즈에서 전후 경제 질서를 설계하는 국제 금융 회담이 열렸을 때 정해진 규칙입니다. 닉슨 대통령이 이 룰을 일방적으로 깨버립니다. 미국과 다른 나라 사이의 교역 규모가 커지면서 달러와 금을 연동하는 방식으로는 자유롭게 달러를 발행할 수 없게 되었기 때문입니다. 달러는 미국 정부가 '말로써 보증하는 돈'이 되었습니다. 돈의 가치를 보장하는 금은 더 이상 필요 없게 되었습니다. 이른바 금 본위 화폐의 퇴장이죠. 최근 미국 보수 진영 일각에서는 금 본위로 되돌아가자는 주장이 다시 나오고 있습니다. 닉슨 선언은 국제 금융 시장에 큰 혼란을 줬지만, 당시 최강 미국의 결정에 대해 다른 나라들이 이의를 제기할 수 없었습니다.

미란 보고서는 다자간(Multilateral) 접근법도 제시합니다. 미국과 뜻을 같이하는 나라들이 동시 다발적으로 달러 가치 조정을 시도하는 겁니다. 1985년 미국과 일본, 서독, 영국, 프랑스 사이에 맺어진 플라자합의가 대표적입니다.

플라자합의의 타깃은 사실 일본이었습니다. 미국은 일본에 국가 안보를 제공하는 대가로 엔화 평가 절상을 요구했습니다. 달러 가치를 떨어뜨리고, 엔화 가치를 올리라는 겁니다. 트리핀 딜레마 상황에서는 달러 가치가 떨어지지 않으니, 인위적으로 조정을 하라는 요구였습니다. 일본은 이 요구를 들어줍니다. 1980년대 일본 제품이 미국을 휩쓸면서 미국은 막대한 무역 적자를 기록했는데, 플라자합의 이후 그 추세가 꺾였습니다. 동시에 일본은 침체의 나락으로 빠져듭니다. 잃어버린 10년, 잃어버린 20년, 잃어버린 30년…. 일본 경제는 2024년부터 겨우 정상적인 인플레이션 상황으로 돌아갈 조짐을 보이고 있습니다. 경기가 너무 침체되어 있다 보니 그동안 물가가 오르지 않았는데, 약간씩 물가가 상승하고 있습니다. 플라자합의는 형식은 다자간 합의였지만, 주로 일본을 때리는 충격 요법이었습니다.

두 나라 사이에 협상을 하는 것도 어려운 일인데, 동시 다발적 협상은 얼마나 어렵겠습니까. 현실적으로 불가능합니다. 트럼프 대통령이 이번에 전 세계 약 170여개 국가에 동시에 관세 미사일을 쏜 것도 이해가 갑니다. 일단 충격을 가하고 '너희들이 알아서 협상안을 가지고 와.'라고 으름장을 놓은 겁니다. 이렇게 하지 않으면 협상이 너무 오래 걸리고, 교착 상태에 빠져 시간만 보낼 수 있으니까요.

대통령님이 지금 비행기를 타고 워싱턴으로 급히 가시는 것도 이 때문이 아닙니까. 평소 같으면 실무자와 장관급 협상이 순차적으로 진행되었을 텐데, 이 사태는 그럴 여유가 없습니다. 관세가 유예된 90일 안에 결판을 내지 않으면 트럼프는 한국 제품에 25퍼센트 관세를 물릴 테니까요. 우리가 딜을, 게임을 가지고 트럼프를 찾아갈 수밖에 없습니다.

일방적인 조치는 신속한 정책 변화가 가능하지만, 금융 시장이 급변하고, 한쪽이 치명상을 입습니다. 다자간 접근 방식은 안정적이지만, 국제적인 협력이 필요하여 실행이 더딥니다. 트럼프는 동시 다발적으로 협상을 하되, 압도적인 협상력을 확보하기 위해 극단적인 관세 정책을 썼다고 볼 수 있습니다. 어쩔 수 없습니다. 트럼프의 페이스에 이미 말려들었습니다. 앞으로의 게임을 대등하기 이끌기 위해서는 트럼프가 생각하지 못하는 방향으로 게임을 몰아가야 합니다.

트럼프가 꺼낼지도 모르는 또 다른 충격적인 조치에 대한 대비도 필요합니다. 일본처럼 플라자합의에 멋모르고 도장을 찍었다가 깊은 내상을 입어서는 안 되니까요.

대통령님, 혹시 트럼프 대통령이 자신의 사저인 마라라고(Mar-a-Lago)로 초청하면 긴장하십시오. 트럼프가 구상 중인 제2의 플라자합의를 '마라라고합의'라로 부른다는 소문이 국제 금융 시장에 파다합니다.

HOW TO DEAL WITH

4장

트럼프와 코인:
스테이블코인도 근본은 달러입니다

DONALD TRUMP

트럼프는 2020년 대선에서 바이든 대통령에게 패한 후 플로리다로 내려갔습니다. '마라라고'라고 이름 붙인 저택에 머물렀습니다. 마라라고는 스페인어로 호숫가의 바다라는 뜻입니다. 트럼프 대통령은 이번 대선에서 승리한 후에도 마라라고에서 국정 구상을 마쳤습니다. 밴스 부통령을 포함해서 베센트 재무장관, 루트닉 상무장관 등 내각, 일론 머스크, 데이비드 삭스 등 측근 그룹과 정권 인수 준비를 했습니다. 전 세계 지도자들이 몰려들어 축하 인사를 하려고 문전성시를 이뤘습니다. 주요 기업 대표들도 마라라고로 달려가 트럼프 행정부와 어떻게든 인맥을 쌓으려고 했습니다.

마라라고는 역사적인 경제 협정을 맺는 장소가 될지도 모릅니다.

미국의 막대한 무역 적자와 재정 적자를 일거에 해소할 묘수가 이곳에서 구상되었기 때문입니다.

제2의 플라자합의 시도할 것

미란 보고서는 미국의 무역 적자 및 제조업 경쟁력 문제를 해결하는 또 다른 중요한 정책 도구로 통화 정책을 상정합니다. 달러와 다른 나라 돈 사이의 교환 비율, 즉 환율을 미국에 유리하게 조절하는 것입니다. 관세 미사일은 선제공격이고 무역 역조를 힘으로 뜯어고치는 정책입니다. 관세 정책이 먹히면 상대국의 수출이 쪼그라들어야 합니다. 그러나 외환 시장을 조작하면 관세 미사일이 무력화될 수 있습니다.

예를 들어보겠습니다. 중국에서는 나사못 1개를 100위안에 만들 수 있습니다. 외환 시장에서 1달러는 100위안입니다. 이제 미국이 100퍼센트 관세를 때립니다. 미국 수입업자는 중국의 나사못 1달러어치를 들여오면 관세 1달러를 더해 2달러에 판매할 수밖에 없습니다. 나사못 1개가 2달러가 되는 겁니다. 중국의 나사못 수출이 타격을 입습니다.

이때 중국이 외환 시장에 개입합니다. 1달러를 200위안으로 조절합니다. 달러 가치가 위안화 가치의 2배로 올라간 겁니다. 달러 강세, 위안화 약세입니다. 미국의 수입업자는 1달러로 나사못 2개를 수입할 수 있습니다. 수입 원가 1달러에 관세 1달러를 더하더라도 나사못 2개를 2달러에 팔 수 있습니다. 결국 나사못은 개당 1달러인 셈입니다. 미국 정부의 관세 100퍼센트 정책을 무력화시킬 수 있습니다.

미국이 중국에 145퍼센트 관세를 때린 후 베센트 재무장관은 중국에 경고를 날립니다. "외환 시장에 개입해서 위안화를 달러 대비 약세로 만들지 말라. 더 큰 화를 부를 것이다."

미란 보고서는 관세 정책과 함께 환율 정책을 구사해야만 무역역조를 해결할 수 있다고 주장합니다. 달러와 다른 나라 사이의 환율을 어떻게 조절할 것인가? 트럼프 정부는 플라자합의와 유사한 다자간 환율 조정을 생각하는 것 같습니다.

잃어버린
30년의 시작

미국 뉴욕 맨해튼 센트럴파크 남쪽에 플라자 호텔이 있습니다. 1992년에 개봉한 영화 〈나 홀로 집에 2〉를 보면 주인공 꼬마와 당시 이 호텔의 실질적 소유주였던 트럼프가 만나는 장면이 나옵니다. 연예계에 관심 있었던 트럼프가 카메오로 잠깐 출연한 겁니다.

::
영화 〈나 홀로 집에 2〉에 등장한 트럼프.

플라자 호텔은 뉴욕에서도 손꼽히는 명소입니다. 1985년 이곳에 미국과 일본, 서독, 영국, 프랑스 재무장관들이 모였습니다. 1980년대 초반, 미국 달러가 고평가되어 미국 제조업이 심각한 타격을 입고 있었습니다. 특히 일본에서 들어오는 질 좋은 제품들이 문제였습니다. 플라자 호텔에 모인 5개국 재무장관들은 달러를 엔, 마르크, 파운드, 프랑 대비 절하(Depreciation)하는 조치를 단행했습니다.

미란 보고서는 플라자합의 이후 미국 달러 가치는 급격히 하락했고, 미국 제조업이 회복되는 계기가 되었다고 썼습니다. 이 주장은

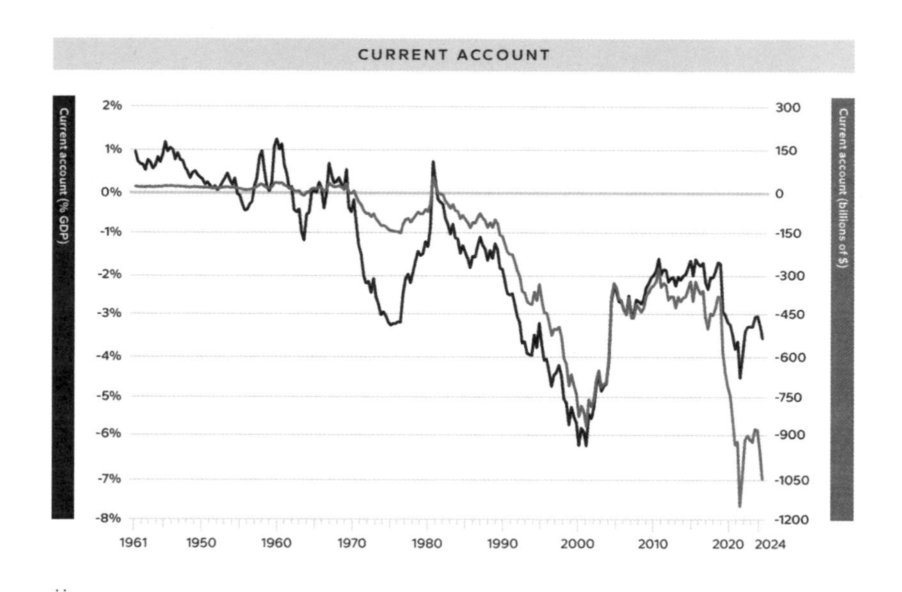

::
미란 보고서에 있는 미국의 경상 수지 그래프. 경상 수지는 무역 수지와 무역 외 수지를 합친 것을 말한다. 1985년 플라자합의 직후 경상 수지가 잠시 흑자를 기록했으나, 이후 적자 폭이 다시 커졌다.

일부는 맞고 일부는 틀립니다. 미국의 무역 적자가 반짝 개선된 것은 맞습니다. 그러나 미국의 무역 수지가 추세적으로 흑자로 돌아서지는 못했습니다.

미란 보고서에 있는 미국 경상 수지 그래프를 보면, 플라자합의 이후 적자가 일시적으로 흑자로 돌아섰지만 미국의 씀씀이는 근본적으로 바뀌지 않았습니다. 적자 규모가 다시 커집니다.

플라자합의 이후 일본 경제는 급전직하로 추락합니다. 대미 수출이 타격을 입고, 다른 나라와의 무역에서도 일본 제품의 가격 경쟁력이 약해지기 시작했기 때문입니다. 이 틈을 신흥 공업국 한국이 파고들었습니다. 일본의 반도체 기술을 배운 한국은 삼성전자를 앞세워 치고 나갔습니다. 현대자동차는 미쓰비시에서 자동차 엔진을 납품받으면서 기술을 익혔습니다. 일본이 더 커지는 것을 견제하기 위해 미국은 반도체 기술과 자동차 기술이 한국으로 넘어갈 수 있도록 '배려'했습니다. 1990년대 미국이 냉전 승리를 선언하고, 퍼스널 컴퓨터 혁명으로 나아갈 때 일본은 서서히 뒷걸음질을 칩니다. 2000년대 인터넷 혁명과 모바일 혁명에서도 일본은 뒷전으로 밀려납니다. 잃어버린 10년이 잃어버린 20년이 되고 잃어버린 30년이 되었습니다.

일본이 플라자 전투에서 패배한 후 세계의 공장 역할은 한국을 거쳐 중국으로 넘어갑니다. 중국은 반도체, 자동차에서 일본과 한국을 맹추격 중입니다. 이제 트럼프는 중국을 정조준했고, 여기에 군사 안보 문제까지 얽혀들어 갑니다. 일본이 플라자합의에 순순히 도장을 찍은 것은 미국의 핵우산 때문입니다. 1980년대는 아직 냉전 시대였고, 일본은 동북아시아에서 한국과 함께 공산주의 세력과 맞닿아 있는 최전선이었습니다. 일본이 자체 핵무장을 하지 못하는 한 미국의 힘을 빌릴 수밖에 없었습니다. 미국 형님이 와서 도장을 찍으라고 하면 찍을 수밖에요.

중국은 다릅니다. 중국은 핵무장 국가이고, 군사적으로 미국과 대립 중입니다. 마라라고로 와서 달러의 가치를 내리고, 위안화 가치를 올리는 문서에 도장을 찍으라고 하면 완강히 반대할 것이 뻔합니다. 중국을 협상 테이블로 끌어내고, 문서에 도장을 찍게 하려면 다른 핵미사일이 필요합니다. 경제 무역이라는 핵미사일입니다. 트럼프는 145퍼센트에 달하는 관세 미사일을 중국에 날렸습니다. 중국은 결사 항전을 선언했습니다. 그러나 중국도 협상을 원합니다. 진짜 미사일을 쏘고, 탱크를 보내지 않더라도, 무역 전쟁은 양측 모두에게 피해를 줍니다. 마라라고 협상장에 끌려나오느냐, 대등한 관계로 딜을 하느냐를 놓고 중국은 중국대로, 미국은 미국대로 전략·전술을 총동원하고 있습니다.

여기에 결정적인 변수가 또 있습니다. 미국과 중국이 모두 알고 있는 카드입니다. 미국에 관세 미사일이 있다면 중국에는 이 카드가 있습니다. 바로 국채입니다.

미국은 돈이 필요할 때
국채를 찍는다

1980년대와 달리 현재의 국제 금융 환경에서는 플라자합의 같은 조정이 현실적으로 어렵습니다. 미란 보고서도 인정합니다. 중국이 협상 테이블에 앉을 가능성이 낮고, 유럽과 일본 역시 달러 강세를 원할 수도 있습니다. 트럼프가 관세 미사일로 선제공격을 날렸지만, 동맹국들과 다른 150여개 국가들이 순차적으로 딜을 완료할 때까지 혼란이 계속될 겁니다. 미국은 협상을 기다리지 않고 독자적으로 통화 가치를 조정하는 정책을 시행할 가능성도 있습니다.

미란 보고서는 미국이 직접 시장에 개입하여 달러 가치를 조정하는 방식으로 세 가지를 제시합니다.

1. 미국 재무부의 외환 시장 개입

미국 재무부가 달러를 매도하거나, 외국 통화를 매입하는 방법이 있습니다.

미국이 움직이면 일본과 중국이 대응하겠죠. 이 경우 미국이 승리한다고 장담할 수 없습니다. 중국은 3조 2400억 달러에 달하는 막대한 외환보유액을 가지고 있습니다. 환율 전쟁을 하면 미국에 결코 뒤지지 않을 실탄입니다.

2. 국제 비상 경제 권한법(IEEPA) 활용

IEEPA(International Emergency Economic Powers Act)는 국가 비상 상황에서 미국 정부가 외환 시장에 강제 개입할 수 있도록 허용하는 법률입니다. 특정 국가에 대한 외환 시장 개입을 강제할 수 있습니다. 이 방식은 외교적 마찰을 초래할 가능성이 높습니다.

3. 연방준비제도의 금리 조정

금리 인하는 달러 약세를 유도하는 효과가 있습니다. 그러나 연준은 미국의 중앙은행으로, 독립적인 기관입니다. 연준 의장은 대통령이 선임합니다만 법에 의해 그 지위를 보장받습니다. 대통령이 금리를 올려라, 내려라 할 수 없습니다.

트럼프 대통령은 노골적으로 연준에게 금리를 내리라고 압박하는 중입니다. 중앙은행 정책에 대해 대통령이 언급하지 않는다는 불문율을 깬 것이죠. 관세 정책이 어느 정도 마무리되면 트럼프가 연준 의장을 경질할 가능성도 있습니다.

미란 보고서가 제시한 이 세 가지 정책은 매우 신사적입니다. 더 파괴적이고, 충격적인 안이 마라라고 주변에서 흘러나왔고, 지금은 백악관과 월가 주변을 떠돌고 있습니다.

❖ 미국이 발행한 기존 국채를 100년 만기 이자율

0퍼센트 짜리 새로운 국채로 교환한다.

100년간 이자 없이 돈을 빌려 쓰겠다는 겁니다. '이게 말이야 똥이야.' 하실 수 있습니다. 미국 재정 상태와 국채 시장을 보시면 트럼프가 왜 이렇게 충격적인 요법까지 생각하는지 이해하실 수 있습니다. 미국 국채는 마법의 힘을 가지고 있습니다. 미국은 돈이 필요할 때 국채를 찍었습니다. 이제 호리병을 나온 '마법의 지니'가 무슨 짓을 할지 모릅니다.

마라라고 협정의 요지

미국이 진 빚, 즉 국가 부채는 35조 달러가 넘습니다. 나라 빚은 대부분 국채 형태로 존재합니다. 미국 국채 이자는 미국의 1년치 국방 예산과 맞먹습니다. 원금이 아니라 이자만 갚는 데도 엄청난 돈이 듭니다. 국채 위기는 곧 국가 안보 사항입니다. 트럼프 대통령이 관세 정책을 내놓자 미국 국채 시장이 크게 흔들렸습니다. 국채 시장에 켜진 위험 신호를 감지한 트럼프는 관세 부과를 90일간 유예합니다.

대통령님, 가상의 적국(?)을 생각해 보십시오. 미국을 망하게 하려면 미국 국채 시장을 파괴하면 됩니다. 미국 재무부는 돈이 필요하면 세금을 걷는 것이 아니라 채권을 찍습니다. 물론 세금도 걷습니다만 턱없이 부족합니다. 채권을 발행하는 게 쉽습니다. 미국 국채는 누가 사나요? 일본이, 중국이, 한국이 사줬습니다. 그 돈은 어디서 왔나요? 미국에서 수출 대금으로 받은 돈입니다. 미국은 달러를 찍어서 값싼 수입품을 사들였습니다. 미국의 최대 수출품이 달러라는 이야기가 그래서 나옵니다. 이게 한계에 도달한 겁니다.

달러를 마음대로 찍을 수 있게 된 것은 닉슨의 금 불태환 선언 이후부터입니다. 달러와 금을 굳이 매칭할 필요가 없으니 인쇄기를 돌리면 그만입니다. 그 달러가 일본을 돌아, 중국을 돌아, 한국을 돌아 미국 국채로 가는 겁니다. 중국은 7600억 달러에 달하는 미국 국채를 들고 있습니다. 중국이 마음만 먹으면 바로 그 가상의 적국처럼 행동할 수 있습니다. 한날한시에 중국이 미국 국채를 시장에 내던지면 어떻게 될까요?

그러나 이런 일은 절대로 일어날 수 없습니다. 중국이 미국 국채를 판다는 이야기는 다시 달러를 손에 쥔다는 이야깁니다. 그 달러를 어떻게 하죠? 다른 무엇인가를 달러로 사야만 할 텐데요. 뭘 사죠? 국가 외환보유액, 준비자산 운용은 일반적인 자금 운용과 완전히 다른 스토리를 갖습니다. 중국은 미국과 무역 관계를 맺으면서도 기회만 있으면 달러에서 벗어나려고 노력했습니다. 수출 대금으로 달러를 받고, 그걸로 원자재를 사오는 것까지는 좋습니다. 남는 달러는 어떻게 하죠. 미국 국채를 살 수밖에 없었습니다. 중국도 미국 국채

외에 다른 자산으로 외환보유액을 운용할 수 있다면 그렇게 했겠죠. 지구상에 미국 국채보다 더 좋은 자산이 현재로써는 별로 없습니다. 그나마 금을 생각할 수 있습니다. 중국은 몇 년 째 금을 사 모으고 있습니다. 금값이 계속 오르는 이유입니다.

'그렇다면 미국은 꽃놀이 패를 쥐고 있는 것 아닌가?' 맞습니다. 미국이 100년짜리 채권을 발행하고 그것도 이자를 주지 않는 채권을 내놓겠다는 발상을 하고도 남습니다. 미국 국채는 만기 30년짜리가 가장 긴 채권입니다. 지금 이자가 대략 4.8~5퍼센트입니다. 이 채권을 100년짜리 무이자 국채로 교환해 가라는 겁니다. 미국 입장에서는 한 해 국방비만큼 줘야 했던 이자를 주지 않아도 됩니다. 중국 입장에서는 이자가 없어서 억울하지만, 넘치는 달러를 어디 둘 곳도 없고, 100년 채권으로 바꿔가는 대신 관세를 낮춰주겠다고 하면 큰 손해는 아니라는 생각이 듭니다. 이게 마라라고 협정의 요체입니다. 미국을 상대로 무역 흑자를 기록하는 다른 나라들에게도 똑같이 적용될 수 있습니다. 관세와 채권을 바꾸는 겁니다.

마라라고 협정의 기획자들은 이렇게 말합니다.

❖ 미국에서 장사를 하고 싶나요? 입장료를 내세요. 기본 관세를 내야 합니다. 10퍼센트입니다. 수출업자들을 위해 달러 대비 통화를 절하할 생각은 하지도 마세요. 여러분들의 통화를 일정 수준 이상으로 달러 대비 가치를 높게 만드세요. 관세를 피하고 싶

으면 미국에 공장을 지으십시오.

❖ 미국에 물건을 팔고 싶나요? 그럼 물건 살 돈을 빌려주세요. 만기는 100년입니다. 이자는 없어요. 기존에 들고 있던 국채를 100년짜리 채권으로 바꿔드립니다. 여러분들이 보유하고 있는 외환보유액, 준비금을 달러 외에 다른 자산으로 약간 바꾸는 것은 괜찮습니다. 예를 들면 금이라던가, 요즘 뜨고 있는 비트코인이라던가.

❖ 아참, 한 가지 잊은 게 있군요. 특히 브릭스(BRICS, 브라질·러시아·인도·중국·남아프리카공화국) 회원들은 잘 들으세요. 달러를 대체할 다른 무역 통화를 만들려고 하는 모양인데, 당장 그만두세요. 달러는 여전히 기축 통화입니다. 세계 무역은 어떤 경우에도 달러가 주도합니다.

미국은 달러 패권을 놓지 않으면서, 제조업 경쟁력을 높이고, 막대한 국가 부채도 해결하려고 합니다. 트럼프는 그 첫 단계로 관세를 꺼내들었을 뿐입니다. 대통령님, 이제부터 심호흡을 하십시오. 트럼프 앞에 내놓을 대통령님의 게임을 말씀드리겠습니다.

한국이 들고 있는 미국 국채를 순차적으로 블록체인 코인으로 유동화하겠다고 하십시오. 즉, 달러 국채를 달러 스테이블코인(Stable-coin)으로 바꾸겠다고 하십시오. 트럼프 대통령이 깜짝 놀랄 겁니다.

트럼프 주니어들의 금융 사업: 스테이블코인

트럼프 대통령 일가는 디지털 자산(가상 자산, 암호화폐) 사업을 합니다. 지난해 선거 때부터 큰아들 도널드 트럼프 주니어부터, 에릭, 배런까지 삼형제가 직간접적으로 암호화폐 사업에 관여해 왔습니다.

이들이 벌이는 암호화폐 비즈니스는 여러 종류가 있습니다. NFT, 탈중앙금융(Decentralized Finance, DeFi), 밈코인(Meme Coin), ETF, 비트코인 채굴, 스테이블코인 등입니다. 비트코인 채굴에 대해서는 앞에서 한·미 합작으로 제주도에 채굴 단지를 조성하자는 아이디어를 드렸습니다. 제주도에 남아도는 전기를 이용하자는 거죠. 여기서는 스테이블코인에 대해서만 집중적으로 말씀드리겠습니다.

트럼프 가문에서는 스테이블코인을 발행할 구상을 하고 있습니다. 코인 이름은 USD1입니다. 미국의 대통령 전용기를 에어포스 원이라고 부르듯이 '달러 원'으로 명명한 겁니다.

스테이블코인은 코인이면서 달러입니다. 코인 1개는 1달러의 가치를 갖습니다. 코인을 1개 발행할 때마다 1달러를 은행에 예치하거나, 달러 표시 채권을 삽니다. 주로 미국 단기 채권을 삽니다. 내가 USD1을 10개 발행하고 싶으면 트럼프 가문이 운영하는 코인 발행사에 10달러를 보내야 합니다. 그러면 저에게 USD1 코인 10개를 줍니다. 발행사는 10달러를 정확하게 은행에 넣어야 합니다. 미국 의

회에서는 스테이블코인 관련 법안을 만들고 있는데요. 발행사가 은행에 10달러를 제대로 예치하는지를 철저하게 감독한다는 것이 요지입니다.

스테이블코인이 중요해진 이유는 달러 표시 국채 때문입니다. 현재 스테이블코인은 암호화폐 시장에서 대략 2000억 달러가 넘게 유통됩니다. 원칙적으로는 스테이블코인 발행액만큼 달러, 즉 미국 국채를 들고 있어야 합니다. 스테이블코인 발행사들이 돈을 빼먹지 않고 미국 국채를 샀다면, 우리나라가 보유한 미국 국채의 두 배 정도를 코인 업자들이 들고 있을 겁니다.

스테이블코인은 그 가치가 달러를 그대로 따라갑니다. 코인 1개당 1달러니까요. 시세 변동이 없습니다. 트럼프 가문이 발행할 USD1도 언제나 1달러입니다. 스테이블코인을 어디에 쓸까요? 송금에 씁니다.

블록체인은 일종의 장부입니다. 내가 미국에 유학 간 아들에게 학비로 1000달러를 보내야 한다면 USD1 코인 1000개를 보내면 됩니다. 그게 블록체인 장부에 기록됩니다. 아들은 자신의 블록체인 지갑에서 USD1 코인을 꺼내 달러로 바꾸면 그만입니다. 이 과정은 사실 은행 송금과 똑같습니다. 서울에 있는 내 은행 계좌에서 미국의 아들 은행 계좌로 숫자 1000이 이동하고, 그게 기록으로 남는 거니까요. 은행의 전산망에 기록을 남기느냐, 블록체인상에 기록을 남기느냐의 차이일 뿐입니다. 그런데 은행 전산망을 쓰면 송금 수수료가 비쌉니다. 블록체인을 쓰면 수수료가 거의 없습니다. 블록체인을 이용한 금융이 혁명인 이유가 여기에 있습니다. 은행을 통하지 않고도 무료에 가깝게 다양한 금융 서비스를 구현할 수 있습니다. 스테이블코인을 이용한 송금도 그중 하나입니다.

스테이블코인은 다른 암호화폐를 매매할 때도 씁니다. 비트코인은 현재 시세가 대략 8만 5000달러 정도인데요. USD1 코인 8만 5000개로 비트코인 1개를 살 수 있습니다. 스테이블코인 발행량이 증가한 것은 암호화폐 시장이 커지고, 송금 수요를 어느 정도 대체하기 시작했기 때문입니다.

스테이블코인 발행사는 돈을 어떻게 벌까요? 고객이 준 달러를 예치해 둔 은행 이자, 고객이 준 달러로 산 국채 이자를 가져갑니다. USD1 발행사인 트럼프 가문은 USD1 코인 발행이 늘어나면 늘어날수록 이자 수입을 챙기게 됩니다. 스테이블코인 중 가장 규모가 큰 것이 USDT라는 건데요. 이 코인을 발행하는 테더홀딩스는 2024년에 130억 달러 이익을 냈습니다. 우리 돈으로 18조 4000억 원에 달합니다. 국민은행의 지난해 순이익이 5조 원이 약간 넘습니다. 스테이블코인 사업은 황금알을 낳는 거위입니다.

미국은 스테이블코인을 양성화하려고 합니다. 법을 만들어서 일정한 조건을 갖추면 상업적으로 누구나 코인을 발행할 수 있게 한다는 거죠. 이 사업에 트럼프 아들들이 뛰어든 겁니다. 스테이블코인은 달러 국채의 수요처입니다. 코인 1개를 발행할 때마다 국채 1달러어치를 사야 하니까요. 미국이 자금을 조달하는 핵심 루트인 국채 시장에 새로운 수요처가 나왔으니, 미국 정부가 마다할 리 없습니다.

트럼프가
솔깃할 제안

여기서 머리싸움이 시작됩니다. 중국은 막대한 미국 국채를 들고 있습니다. 미국으로부터 압박을 받은 중국은 달러 패권에서 벗어나려고 애쓰는 중입니다. 브릭스 국가들끼리 자체 무역 통화를 만들자는 이야기도 그래서 나온 거죠. 트럼프가 "그런 짓 하면 죽는다."고 엄포를 놨습니다만, 중국은 외환보유액, 준비금을 다변화하고 싶어 안달입니다.

대통령님이 트럼프 앞에서 USD1 스테이블코인 이야기를 꺼내시면 트럼프 귀가 솔깃할 겁니다. 우리나라가 들고 있는 미국 국채를 USD1 같은 스테이블코인으로 바꾸겠다고 하면 트럼프는 머릿속에서 계산기를 돌리기 시작할 겁니다.

첫째, 약 1000억 달러에 달하는 미국 국채가 스테이블코인으로 바뀌어 암호화폐 시장과 송금 시장에 풀릴 가능성이 있습니다. 시장의 유동성이 풍부해집니다.

둘째, 스테이블코인도 근본은 달러입니다. 달러 스테이블코인의 쓰임새가 커지는 것이므로 미국 정부 입장에서 나쁘지 않습니다.

셋째, 한국 정부 입장에서는 달러 스테이블코인으로 비트코인 같은 다른 유망한 디지털 자산을 살 수 있습니다. 암호화폐 시장에는 심지어 금에 연동된 코인도 있습니다. 달러 스테이블코인으로 금 코인을 사면 실제 금을 사는 것과 같습니다. 달러에 집중되어 있는 외환보유액, 준비금을 다른 자산으로 다양화할 수 있습니다.

넷째, 한국이 스테이블코인을 발행할 때 USD1으로도 발행한다고 하십시오. 한·미 합작 제주도 비트코인 채굴 단지와 마찬가지로 이해관계를 일치시키는 딜입니다. 트럼프 가문 입장에서는 USD1이 더 많이 발행될수록 경쟁력 있는 스테이블코인이 되는 것이니 마다할 이유가 없습니다.

대통령님, 우리나라와 미국은 동맹입니다. 미국은 가장 중요한 교역 상대국입니다. 트럼프는 동맹이라고 특혜를 주거나, 경제적 손해를 감수하는 지도자가 아닙니다. 딜은 딜, 게임은 게임입니다.

중국이 마라라고 협상에 끌려나오지 않으려고 저렇게 버티는 이유는 달러 외에 다른 회피 수단이 없기 때문입니다. 우리나라도 미국의 분노를 사지 않는 방식으로 달러 중심의 외환보유액, 준비금을 다변화할 필요가 있습니다. 트럼프 가문에 선물을 주십시오. USD1을 세계 최고의 스테이블코인 중 하나로 만들어 주겠다고 말씀하십시오. 대신 "관세를 낮춰(Do me a favor on tariffs)."라고 여운을 남기시고요.

트럼프는 국가의 일을 사업처럼 하는 캐릭터입니다. 줄 것은 주고, 받아올 것은 받아오셔야 합니다.

참고로 트럼프 가문에서 하는 여러 가지 암호화폐 사업을 한 번 보시면 좋겠습니다. 트럼프가 비트코인 채굴과 암호화폐 비즈니스를 세계 최고 수준으로 끌어올려야 한다고 말하는 이유가 있습니다.

트럼프 가문의 암호화폐 사업

트럼프 가문은 '월드리버티파이낸셜'이라는 회사를 중심으로 여러 가지 암호화폐 사업을 하고 있습니다.

▣ NFT: 트럼프 디지털 카드, 암호화폐 진입 계기

2022년 12월, 트럼프는 대선 출마를 준비하며 자신을 주제로 한 NFT 트레이딩 카드를 출시했습니다. '슈퍼히어로 트럼프' 등 다양한 콘셉트의 이미지로 구성된 NFT는 총 4개 시리즈로 발행되었습니다. NFT는 암호화폐의 일종으로 이미지 등을 포함하고 있는 코인입니다. 디지털 수집품이라고 볼 수 있습니다. 지난해 선거 과정에서는 NFT 구매자를 초청해 만찬도 열었습니다. 정치 기부금도 받았습니다. 〈블룸버그〉에 따르면 트럼프는 NFT 판매로 수백만 달러의 수익을 기록했죠.

이 NFT 프로젝트는 트럼프가 암호화폐에 관심을 갖는 계기가 되었으며, 이후 다양한 암호화폐 사업으로 확장하는 계기가 되었습니다.

▣ 디파이: 월드리버티파이낸셜

2024년 9월 대통령 선거전이 한창 치열한 시기, 트럼프 일가는 디파이 프로젝

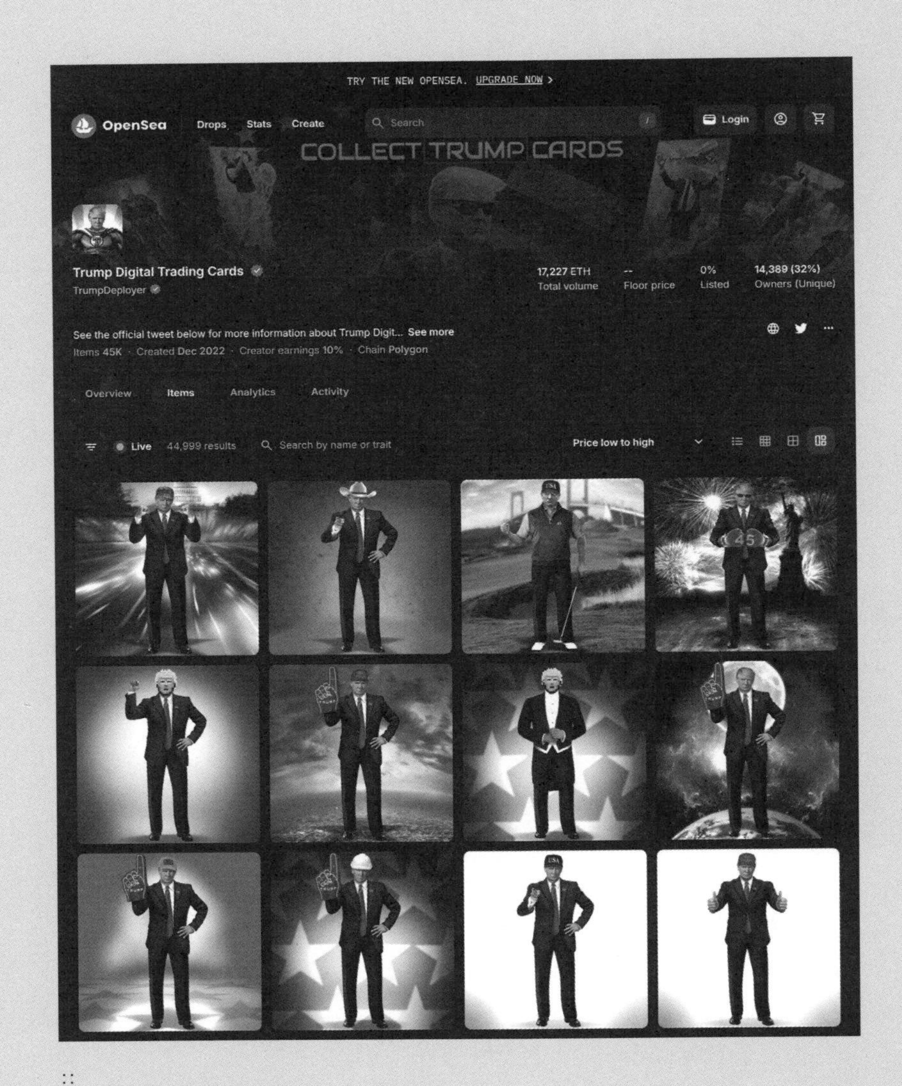

::
트럼프가 발행한 자신의 이미지를 담은 NFT.

트 '월드리버티파이낸셜(World Liberty Financial, WLF)'을 출범했습니다. 자체 토큰 판매로만 5.5억 달러 이상을 모금했죠. 디파이(DeFi)는 탈중앙금융이라는 뜻으로, 은행이나 증권사를 통하지 않고도 예금, 대출, 증권 매매를 자동으로 해주는 블록체인 기술 응용 사업을 뜻합니다.

▣ 밈코인: 대통령 부부 이름으로 발행

2025년 1월, 대통령에 취임한 트럼프는 자신과 영부인 멜라니아(MELANIA) 이름으로 밈코인을 출시했습니다. 트럼프코인(TRUMP)은 출시 초기 1100만 달러 이상의 수익을 올렸지만, 가격은 곧 급락했습니다. 밈코인은 해당 코인의 쓰임새가 없는 일종의 팬 굿즈입니다. 내가 좋아하는 연예인이나 스포츠 스타가 기념품처럼 발행을 하면 팬들이 그 코인을 매수해서 간직하는 형태죠. 투기성이 높지만 놀이의 일환으로 크게 유행하고 있습니다.

▣ ETF: 트럼프 테마 ETF 출시 추진

2025년 2월, 트럼프가 소유한 상장사 미디어앤테크놀로지그룹은 트럼프의 친 암호화폐 정책 기조를 반영한 ETF 상품 출시 계획을 밝혔습니다. ETF는 주식 상품입니다. 펀드에 다른 주식이나 자산을 편입해 그 자체를 주식처럼 거래합니다. 트럼프는 ETF에 암호화폐를 편입하거나, 암호화폐 사업을 하는 회사의 주식에 투자할 것입니다.

▣ 스테이블코인: USD1 출시 예고

2025년 3월, WLF는 스테이블코인 USD1을 출시할 계획이라고 발표했습니다.

이 코인은 이더리움(ETH)과 바이낸스 스마트체인(BNB)이라는 블록체인을 이용해 발행될 예정입니다. BNB는 중국계 암호화폐 거래소인 바이낸스가 만든 블록체인입니다. 바이낸스는 USD1을 상장하기 위해 WLF와 협의를 벌이고 있습니다.

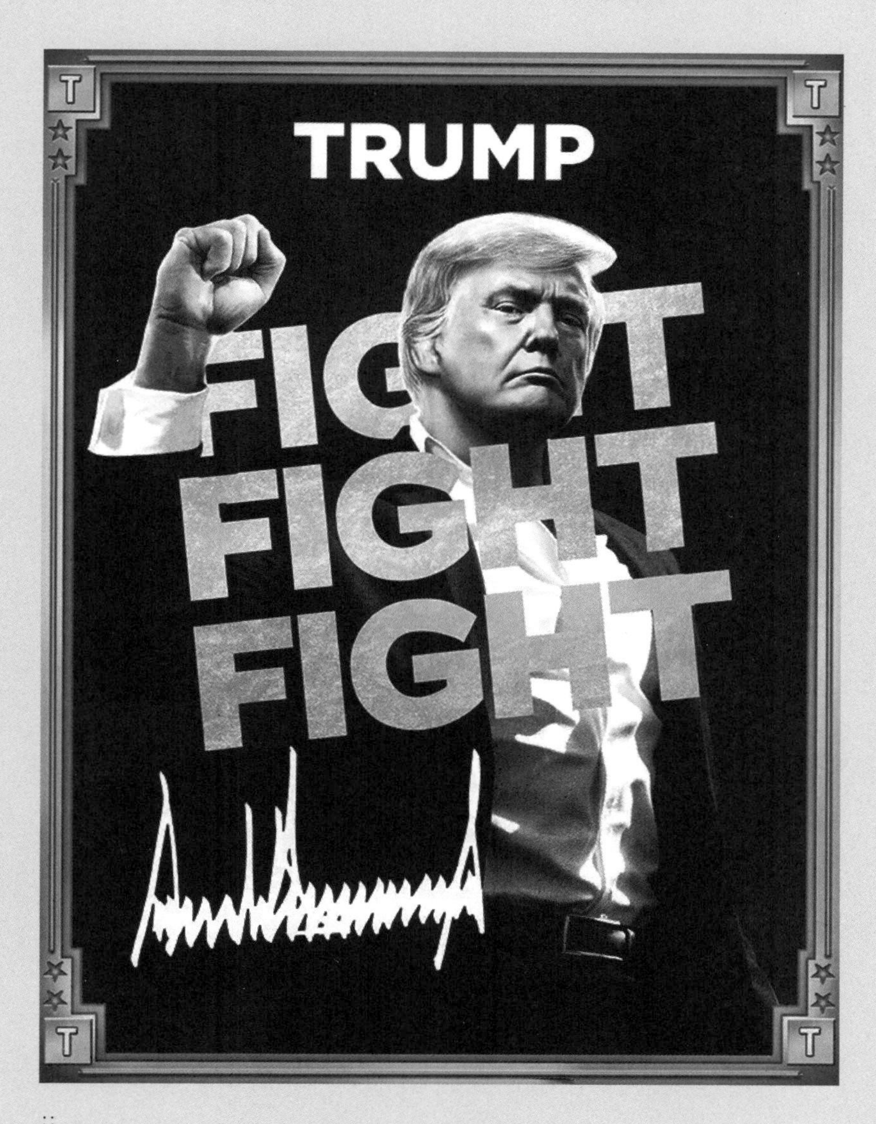

::

트럼프 밈코인의 공식 이미지.

HOW TO DEAL WITH DONALD TRUMP

5장

트럼프와 관세:
수혜를 보는 건 누구일까요?

미란 보고서와 마라라고 협상의 내막을 보면 트럼프 치세에 우리나라가 어떤 준비를 해야 하는지 윤곽을 잡을 수 있습니다. 미국은 달러 기축 통화의 메리트는 최대한 유지하면서, 기축 통화이기 때문에 겪어야 할 단점을 줄이고 싶어 합니다. 미국과 무역을 해야 하는 다른 나라들, 우리나라를 포함해서 중국, 일본, 유럽 등은 달러의 힘이 약해지는 것에 차근차근 대비해야 합니다. 트럼프 대통령이 "달러는 영원한 기축 통화"라고 했지만, 관세 정책 발표 이후 달러는 지속적으로 하락하고 있습니다.

우리나라도 달러 중심의 외환보유액, 준비금을 다른 자산으로 다변화해야 합니다. 미란 보고서에서도 각국이 그러한 방향으로 나아

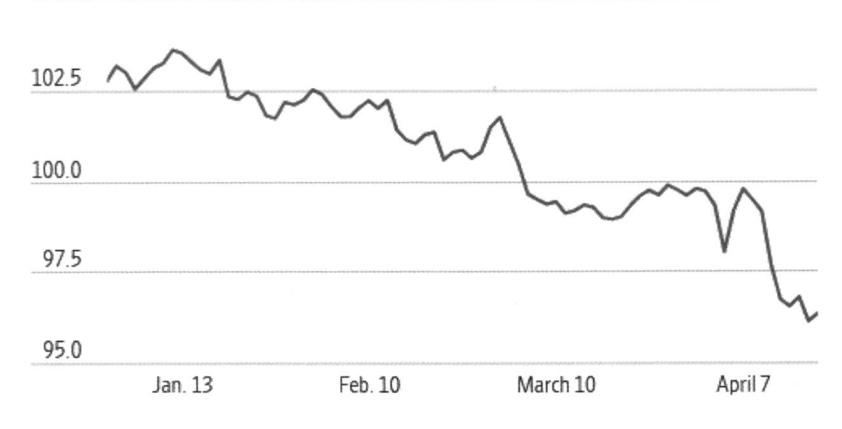

::
달러 가치를 나타내는 달러 지수.
트럼프 대통령 취임 이후 지속적으로 하락하고 있다.

갈 것이라고 예측하고 있습니다.

트럼프 대통령도 관세 미사일을 무차별적으로 쐈지만, 앞으로는 협상을 통해 질서 있게 달러 가치 조정을 시도할 가능성이 높습니다. 미란 보고서의 결론 부분에는 이런 구절이 등장합니다.

"어떤 경우이건, 투자 대안으로 금과 비트코인과 같은 암호화폐가 대체 준비 자산으로 수혜를 볼 수밖에 없다."

준비 자산은 달러 즉, 미국 국채를 의미합니다. 대체 준비 자산은 이를 대체할 새로운 준비 자산을 말합니다. 앞장에서 우리나라가 보유 중인 국채를 담보로 스테이블코인을 발행하자고 말씀드린 것도 이 때문입니다. 달러 표시 미국 국채를 지금 당장 팔 수는 없습니다. 천천히 줄여 나가야 합니다. 금을 사면 좋은데 어찌된 일인지 우리나라 한국은행은 금 투자에 인색합니다. 생각을 바꿔 금을 사고, 또 다른 대체 준비 자산으로 부상하는 비트코인도 매집해야 합니다. 트럼프 대통령 자신이 비트코인을 국가 전략 비축 자산으로 선언하지 않았습니까. 달러의 힘을 보존하면서도 그 역할을 보조할 다른 대체 자산으로 비트코인을 선택한 겁니다.

트럼프 관세 정책이 몰고 올 파장

미란 보고서에서는 금융 시장에서 관세 및 통화 정책 변화가 미치는 영향을 이렇게 정리합니다.

주요 변수

1. 달러 가치 변동

- 달러가 강세(달러 가치 상승)일 경우→미국 수출 경쟁력 약화, 금융 시장 안정성 증가
- 달러가 약세(달러 가치 하락)일 경우→미국 수출 경쟁력 증가, 외

국인 투자 감소 가능성

2. 미국 국채 금리
- 무역 및 금융 정책이 미국 국채 수요에 영향을 미칠 수 있음
- 특히 해외 투자자들이 미국 국채 매입을 줄일 경우, 금리가 상승할 가능성이 있음

3. 주식 시장 반응
- 보호 무역 정책(관세 인상 등)은 제조업 및 수출 관련 기업에 긍정적 영향을 미칠 가능성 있음
- 그러나 금융 시장의 변동성을 증가시키면서 기술 및 소비재 업종에는 부정적 영향을 줄 수 있음

4. 자본 흐름
- 외국 자본이 미국으로 유입될지, 빠져나갈지에 따라 금융 시장이 다르게 반응할 가능성
- 특히 연준의 금리 정책이 중요한 역할을 할 것임

미란 보고서가 예측한 대로 트럼프가 관세 정책을 내놓자마자, 전 세계 증시가 요동쳤습니다. 제조업, 특히 방위 산업 관련 주식은 앞으로도 계속 오를 것 같습니다. 트럼프가 동맹국들에게도 방위비

부담을 늘리라고 요구하니까요. 미국 내 물가 상승 가능성도 있습니다. 물가가 더 올라간다고 하니까 채권 가격도 떨어지는 겁니다. 채권 가격과 반대로 움직이는 채권 수익률이 급등했습니다. 외국 투자자들이 미국 자산(주식, 채권)에 대해 신중한 입장을 취할 가능성이 있습니다. 특히 국채 수요가 중요합니다. 달러 가치 절하에도 국채 수요를 유지하는 방안 중 하나로 스테이블코인이 부상하고 있다고 이미 말씀드렸습니다.

달러 가치 하락은 미국 외 지역에도 영향을 미칩니다. 외국 투자자들이 위험 회피 전략을 취할 경우, 신흥 시장에서 자본 유출이 발생할 수도 있습니다. 트럼프는 이번에 베트남, 말레이시아, 태국 등에도 고율 관세를 매겼습니다. 자본력이 취약한 국가의 경우 해당 국가들의 통화 가치가 급락하면 1997년 우리가 겪었던 것과 유사한 외환 위기가 발발할 수도 있습니다.

미란 보고서는 이러한 혼란에도 불구하고 관세 정책을 시행한다면 점진적인 정책 전환을 추구해야 한다고 썼습니다. 그러나 트럼프 대통령은 단칼에 동시다발적인 관세 정책으로 충격을 줬죠. 이 보고서를 쓴 미란 자신도 트럼프 대통령의 캐릭터를 알기 때문에 일부러 '점진적 정책'이라는 표현을 쓴 것 같습니다. 경제 분석가는 극단적 표현을 잘 쓰지 않습니다. 결단하는 사람, 최종 의사 결정권자인 대통령은 다릅니다. 트럼프는 모든 협상을 자신이 주도해야 하는 만큼 전격적인 관세 정책을 펼칠 수밖에 없었던 것 같습니다.

의미심장한 결론

미란 보고서의 결론은 의미심장합니다. 트럼프 행정부가 어떤 시나리오로 관세 정책을 추진하든 공통적으로 나타날 수 있는 몇 가지 결과를 예측했습니다.

첫째, 동맹국, 적대국, 중립적인 무역 파트너 간의 구분이 훨씬 더 명확해질 것입니다. 관세 폭탄이 떨어진 직후 유럽의 스페인은 중국에 다가가는 모습을 보였습니다. 중국도 미국에 대항하기 위해 다른 나라들과 연대를 할 필요가 있습니다. 미국이 이를 눈치 챈 겁니다. 베센트 재무장관은 TV 인터뷰에서 스페인에게 공개적으로 경고를 날렸습니다. "미국에 대항하는 것은 스스로 목을 찌르는 행위"라고 극언했습니다.

둘째, 안보 보호망 없이 독자적으로 방위 비용을 부담해야 하는 국가들은 잠재적으로 큰 혼란을 겪을 것입니다. 미국은 무역과 안보를 동일선상에 놓았습니다. 미란 보고서에는 방위 분담을 더 많이 하면 동맹국들은 더 유리한 무역 조건이나 환율 혜택을 받을 수 있다고 명시했습니다. 반면 미국의 안보 우산 밖에 있는 국가들은 미국 시장에서 배제될 가능성이 높다고 경고했습니다. 이는 전 세계 국가들이 국방 투자를 늘리는 계기가 될 수 있습니다. 독일은 법을 바꿔 국방비를 재정준칙에서 제외했습니다. 재정준칙은 국가 부채가 늘어나지 않도록 법으로 관리하는 것을 말합니다. 독일은 국방비에 대해서는 예외를 두기로 한 겁니다. 미사일을 만들기 위해 독일 국채를 발행하는 것은 얼마든지 용인하겠다는 뜻입니다. 중국은 미국의 관세에 보복 관세로 맞대응하면 결사 항전을 선언했습니다. 6·25 전쟁 당시 마오쩌둥의 연설 영상을 SNS에 유포시키며 "끝까지 싸울 것"이라고 말했습니다. 미국에 적대적인 세력들은 더 공격적인 행동을 취할 가능성이 있습니다. 이러한 안보 위험과 불확실성은 금융 시장에 광범위하게 영향을 미치게 되며, 지정학적 위험이 높아진 국가들의 주식, 채권은 하락 압력을 받을 것입니다.

셋째, 외환 시장에서는 구조적인 변동성 증가가 예상됩니다. 평생 한 번 볼까 말까한 정책 대전환이 발생할 가능성이 있으며, 이는 외환 시장에 큰 충격을 줄 것입니다.

넷째, 미국에 대한 의존도, 달러에 대한 의존도를 줄이려는 국가들의 움직임이 가속화될 것입니다. 달러와 달러 자산에 대한 대안을 찾으려는 노력이 더욱 강화될 것입니다. 다만 위안화의 국제화나 새로운 '브릭스 통화' 같은 시도는 성공하기 어렵습니다. 미국이 좌시하지 않을 테니까요.

미란 보고서의 마지막 문장은 이렇습니다.

"대체 준비 자산(Alternative reserve assets)인 금이나 암호화폐 등은 이러한 변화 속에서 수혜를 볼 가능성이 높다."

금의
재발견

미란 보고서의 결론에서 금과 암호화폐가 언급되었습니다. 트럼프 대통령이 참고한 다른 보고서에도 금이 등장합니다. 미국 보수 진영의 대표적인 싱크탱크 헤리티지 재단은 2023년 〈프로젝트 2025〉라는 보고서를 냈습니다. 이 보고서는 2024년 미국 대선 과정에서 논란이 되었습니다. 보고서를 작성한 저자들 중에 트럼프 제1기 행정부에 참여한 인사들이 다수 있었기 때문인데요. 극우적인 색채가 강한 집권 구상이 들어 있었습니다. 진보 진영에서 이를 비판하자, 트럼프는 "그 보고서는 읽어보지도 않았다."고 선을 그었을 정도입니다.

그러나 트럼프가 대통령에 취임하자마자 〈프로젝트 2025〉의 구성이 실현되기 시작했습니다.

"상상했던 가장 대담한 아이디어조차 뛰어넘었다."

〈프로젝트 2025〉의 기획자 폴 댄스 변호사가 2025년 3월 16일 〈폴리티코〉와 인터뷰에서 한 말입니다. 트럼프 대통령이 그가 생각한 것 이상으로 파격적인 정책을 수행하고 있다는 겁니다.

〈프로젝트 2025〉는 900페이지에 달하는 방대한 분량입니다. 미국의 정치, 경제, 사회, 문화 등 다방면에서 보수 정권이 수행해야 할 일들을 정리했습니다. 이 보고서에는 거시 경제 정책도 들어 있습니다. 학문적으로 논란이 될 이론들도 들어 있습니다.

Financial Regulatory Agencies

DIGITAL ASSETS

Both the SEC and the CFTC have been irresponsible actors in the digital asset area. They have had more than a decade to promulgate rules governing digital assets, yet the SEC has utterly failed to do so, and the CFTC has provided only minimal guidance. Instead, both agencies have chosen regulation by enforcement—and have done it poorly. They neither adequately protect investors nor provide responsible market participants with the regulatory environment that they need to thrive.

The SEC and CFTC should clarify the treatment of digital assets (coins or tokens). Specifically, they should:

::
'프로젝트 2025' 보고서 표지. 디지털 자산(가상자산, 암호화폐)을 언급한 부분.

대표적인 아이디어가 '금 본위제로 회귀하자.'는 것입니다. 1971년 닉슨 대통령이 달러 불태환 조치를 내린 이후 달러와 금은 각자 다른 길을 갔는데요. 금과 달러를 다시 연결시켜야 한다는 구상입니다. 미국의 중앙은행인 연준을 폐쇄하고, 달러를 금에 연동하는 금 본위제로 돌아갈 것을 주문합니다. 이 논란은 트럼프 대통령이 비트코인과 암호화폐 산업을 진흥시키려는 정책적 포석과도 맞물립니다. 트럼프는 비트코인을 국가 전략 비축 자산으로 선언했죠. 이 모든 정책의 출발점이 〈프로젝트 2025〉입니다.

연준이
경기 침체를 유발한다

백악관 국내정책위원회 국장을 역임한 폴 윈프리는 〈프로젝트 2025〉 보고서에서 "연준이 인플레이션과 주기적인 경기 침체를 유발한다."고 주장했습니다. 그는 "통화 정책에 대한 정부의 통제가 피할 수 없는 두 가지 정치적 압력에 노출된다."고 말합니다. 하나는 정부 적자를 보전하기 위해 돈을 찍어내는 압력, 또 하나는 다음 선거까지 인위적으로 경제를 부양하기 위해 돈을 찍어내는 압력입니다.

연준은 기업과 금융사들이 과도한 투기 행위로 망해갈 때 이를 구제해 주곤 했죠. 이 같은 '도덕적 해이'가 미국 경제를 약화시킨다고 지적합니다. 윈프리는 최소한 연준의 목표에서 '완전 고용'을 제거해야 하며, 연준의 주요 목표를 가격 안정성 유지로만 제한해야 한다고 주장합니다. 고용 증진과 물가 안정을 동시에 달성하는 것이 모순이라는 얘깁니다. 물가만이라도 잘 잡으라는 겁니다. 정치적 이유로 돈을 풀어서, 인위적으로 경기를 부양하면 그게 더 문제라는 지적입니다.

윈프리는 "연준이 환경, 사회, 거버넌스(ESG) 요인을 정책 결정에 포함해서는 안 되며, 인플레이션 목표 범위를 명확히 설정해야 한다."고 주장했습니다. 특히 '대마불사' 금융 기관을 지원하는 연준의 최후의 대출자(Lender of last resort) 역할을 축소해야 한다고 말했습니다.

연준의 역할과 대안을 조사할 위원회를 신설할 필요가 있으며, 중앙은행 디지털 화폐(CBDC)는 금융 거래를 전례 없이 감시하고 통제할 수 있는 수단이므로 도입을 거부해야 한다고 주장합니다. 트럼프는 대통령이 되자마자 CBDC를 금지하는 행정명령에 서명했습니다.

윈프리는 한마디로 연준을 없애자고 한 겁니다. 필요 없다는 얘깁니다. '그러면 은행이 위기 상황에 몰릴 때, IMF 외환 위기 같은 사고가 발생할 때 누가 이 문제를 해결하지?' 사실은 연준이 그러한 문제를 유발하는 것이므로, 연준을 없애면 금융 위기 자체가 일어나지 않는다는 게 〈프로젝트 2025〉 저자의 주장입니다. 정말 그럴까요?

연준 폐지와
자유 은행 제도 부활

〈프로젝트 2025〉에서는 자유 은행 제도(Free Banking)를 도입하자고 제안합니다. 자유 은행 제도에서는 금리가 정부에 의해 조정되지 않고, 통화 공급량도 시장에 의해 결정되므로 더욱 안정적이고 견고한 금융 시스템을 구축할 수 있으며, 대출도 활성화될 것이라고 말합니다.

트럼프가 선거에서 지고 야인으로 물러나 있을 때, 주변 사람들의 은행 계좌가 폐쇄된 사례가 있다고 말씀드렸죠. 트럼프 대통령의 아들도 비슷한 이야기를 했습니다. 어머니의 은행 계좌가 이유도 없이 거래 정지되었다는 겁니다. 트럼프 가문이 이런 정도니, 다른 일반인들이 은행에게 따돌림을 당하는 일은 더 많을 거라면서 기존 은행 시스템에 대한 증오를 노골적으로 드러냈습니다. 우리는 은행 없이는 금융을 할 수 없다고 생각합니다. 그런데 '왜 은행이 필요한가?'라는 질문을 한 인물이 있습니다. 2008년 금융 위기 당시에 비트코인을 만든 사토시 나카모토입니다.

〈프로젝트 2025〉의 주장은 나카모토의 주장과 일맥상통합니다. 은행이 사람들의 금융 활동에 사사건건 개입합니다. 내 돈을 맡기는 은행에서 이유도 대지 않고 계좌를 묶어버립니다. 마치 내가 잠재적 범법자인 것처럼 주기적으로 신원 증명을 하라고 하고, 자금원을 밝

히라고 합니다. 테러리스트 한 명을 잡기 위해 수천 명, 수만 명이 반복적으로 본인 확인을 해야 합니다. 트럼프 가문이 진출한 디파이는 기존 은행의 이러한 관행에 대한 반발에서 시작된 것입니다.

트럼프는 월스트리트 사람도 아니고 메인스트리트 사람도 아닙니다. 그 중간쯤에 있는데, 트럼프는 어느 쪽에도 빚이 없습니다. 고압적이 금융사나 은행을 개혁해야 한다고 은행 CEO 면전에서 대놓고 이야기합니다. 블록체인 기반의 디지털 자산, 디파이를 대안으로 제시하며 "미국이 글로벌 암호화폐 수도가 되어야 한다."고 말합니다. 은행을 개혁하자는 겁니다.

미국 역사에서 자유 은행 제도를 실제로 찾아볼 수 있습니다. 1824년부터 1850년대까지 미국 일부 지역에서 '서퍽 시스템(Suffolk System)'이라는 자유 은행 제도가 운영되었습니다. 〈프로젝트 2025〉의 저자들에 따르면 이 제도하에서도 인플레이션과 경제적 혼란을 최소화하면서 대출을 활성화하는 데 성공했습니다.

자유 은행 제도에서는 은행들이 달러로 표시된 부채(예: 당좌 예금, 자체 화폐)를 발행하고, 이를 가치 있는 자산으로 보증했습니다. 19세기에는 보통 금화가 사용되었죠. 예를 들어 1달러는 약 1/20온스의 금으로 정의되었습니다. 발행 은행에서 이를 언제든지 금으로 바꿀 수 있었습니다. 금 본위제를 뜻합니다.

만약 오늘날에도 유사한 제도를 도입한다면 대부분의 은행은 금으로 화폐의 가치를 보증할 가능성이 높습니다. 일부는 다른 통화나 부동산, 주식 등 다양한 자산을 담보로 사용할 수도 있습니다. 시장 경쟁을 통해 가장 적절한 담보를 제공하는 은행의 돈이 금융 소비자들에게 널리 유통될 겁니다.

자유 은행 제도에서는 마구잡이로 돈을 찍는 일이 없어질 겁니다. 은행들이 서로 경쟁하면서 화폐 과잉 발행과 무책임한 대출을 방지하기 때문이죠. 특정 은행이 과도하게 통화를 발행하면, 경쟁 은행들이 해당 은행의 지폐를 회수해서 금으로 교환하려 할 겁니다. 견제와 균형 원리가 작동합니다. 지금 달러는 경쟁 화폐가 없습니다. 금으로 가치를 보장하는 것도 아니기 때문에 미국 정부에 의해 남발되는 경향이 있습니다. 〈프로젝트 2025〉는 이 문제를 자유 은행 제도로 풀자고 주장합니다.

자유 은행 제도의 장점

- ❖ 안정적이고 건전한 화폐 시스템을 유지
- ❖ 인플레이션을 효과적으로 통제
- ❖ 대출이 활성화되면서 경제 성장 촉진
- ❖ 정부의 부채 조달을 위한 통화 팽창 방지
- ❖ 최후의 대출자 기능 폐지로 금융 기관의 도덕적 해이 제거
- ❖ 다양한 화폐 사용 가능(금, 은, 기타 담보 자산)

금 본위제로의 회귀

미국 역사에서 달러는 오랫동안 금과 은을 기반으로 한 금속 화폐 시스템에 의해 뒷받침되었습니다. 닉슨 대통령 선언이 나오기 전까지죠. 미국 달러는 한때 은 본위제로 운영된 적도 있었습니다. 금 또는 은으로 제한되는 달러는 인플레이션을 억제하는 효과가 있습니다.

다만 경제 규모가 커지면 문제가 됩니다. 화폐 유통량이 줄어들어 '돈'맥 경화를 일으킵니다. 돈이 귀해져서 경제 활동에 쓰이지 않고 자꾸 금고 속으로, 침대 밑으로 사라져 축적되는 겁니다.

연준을 완전히 폐지하지 않으면서 통화 가치를 유지하기 위해 제한적인 금 본위제로 돌아가야 한다는 주장이 나옵니다. 2012년과 2016년 공화당 당 강령에서도 금 본위제 복귀 가능성을 검토할 위원회를 설치하자는 제안이 포함된 바 있습니다. 2022년 10월에는 알렉산더 무니 하원의원이 금 본위제 복귀를 위한 법안을 발의하기도 했습니다.

역사 속 금 본위제

▣ 금 본위제의 운영 방식 예시

1. 미 재무부가 금 1온스(28그램)를 2000달러로 설정(예: 1달러는 1/2000온스의 금과 교환 가능)
2. 연준이 발행한 지폐를 은행이 연준에 제출하면 금으로 교환해 줌
3. 은행은 고객에게 받은 지폐를 금으로 교환할 수 있으며, 필요한 경우 정부로부터 금을 추가 확보
4. 정부가 과도하게 돈을 발행하면, 사람들이 금을 요구하면서 금 보유량이 감소 → 인플레이션 억제 효과

▣ 금 본위제의 장점

- ❖ 정부의 무분별한 통화 발행 방지
- ❖ 금이라는 실물 자산이 통화를 뒷받침하여 신뢰도 향상
- ❖ 자유 은행 제도보다 전환 과정이 쉬움

▣ 금 본위제의 단점

- ❖ 정부가 금 가격을 유지할 의지가 없으면 시스템이 실패할 수 있음
- ❖ 연준이 여전히 금리를 조정할 수 있어 완전한 자유 시장을 형성하기 어려움
- ❖ 정부와 중앙은행이 통화 공급을 조절할 여지가 남음
- ❖ 세계경제대공황(1929년) 같은 위기 시 금 본위제가 효과적이지 않았다는 역사적 사례가 있음

달러의 탄생

미국 돈의 이름은 달러입니다. 별명으로 그린백(Greenback)이라고 불리기도 합니다. 그린백 달러가 탄생한 역사를 잠시 살펴보겠습니다. 오늘날 우리가 보고 있는 달러는 살먼 P. 체이스의 발명품입니다.

남북 전쟁과 미국 연방 정부의 재정 위기

남북 전쟁(1861~1865)이 발발했습니다. 노예제 폐지를 내세운 북부(연방)와 이에 반대한 남부(연합)가 내전을 시작했죠. 공화당의 링컨 대통령이 이끄는 연방 정부는 막대한 전비를 부담해야 했습니다.

미국 정부가 보유 중인 금·은 보유고는 빠르게 고갈되었습니다. 국채 발행 등 전통적 재정 조달 수단도 한계에 봉착했습니다. 연방 정부는 심각한 재정 위기에 직면했죠. 이 문제를 푼 인물이 바로 체이스입니다.

당시 재무장관이었던 체이스는 금이나 은으로 태환되지 않는 지폐를 발행할 것을 주장했습니다. 돈의 가치를 금 또는 은으로 보장하는 것이 당시에는 일반적이었습니다. 정부가 보유한 금과 은이 고갈되자, 그냥 종이돈을 찍자는 대담한 아이디어를 낸 것입니다.

당시로써는 파격적이었던 이 아이디어는 1862년 2월 미 의회를 통과한 법화법(Legal Tender Act)에 의거해서 실행됩니다. 미국 역

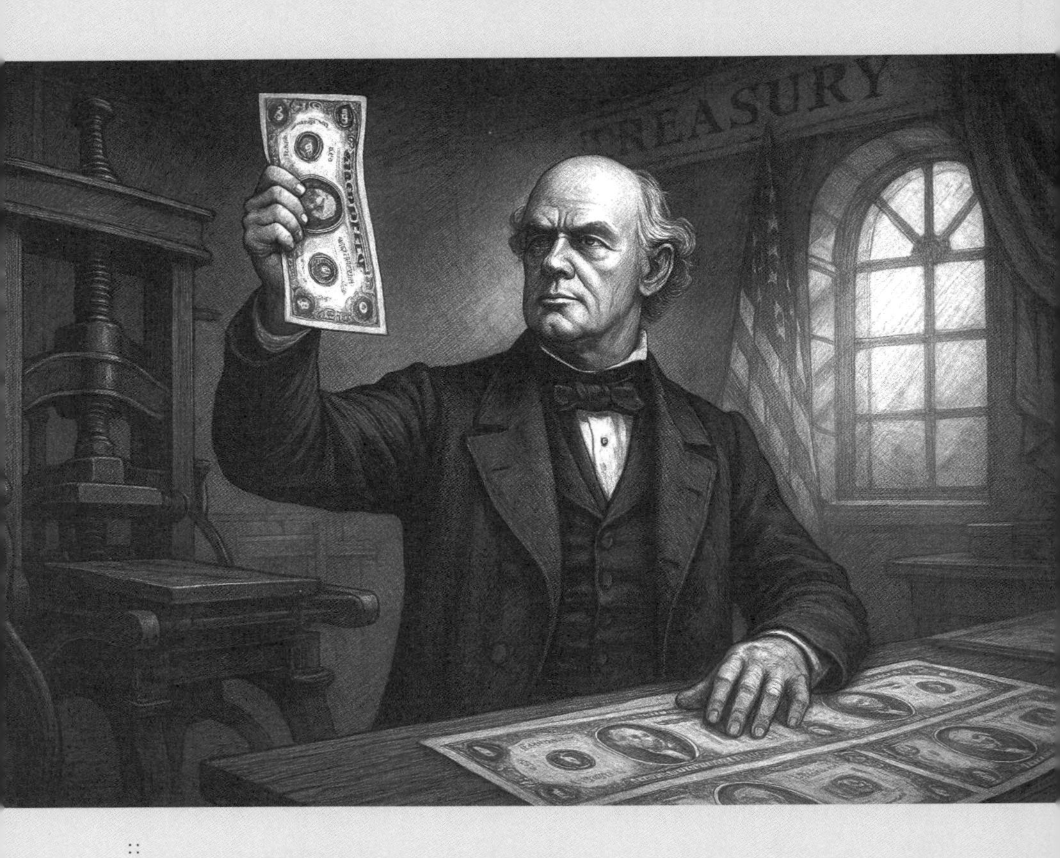

::
미국 최초의 달러(그린백)를 만들어 냈을 때를 묘사한 그림.

사상 최초로 1억 5000만 달러 규모의 법정 불환 지폐가 세상에 나왔습니다.

이 지폐들은 뒷면을 녹색 잉크로 인쇄했습니다. 여기서 그린백이라는 말이 유래했습니다. 기존에 금·은 등 실물로 보장되던 화폐와 달리 정부의 신용만을 바탕으로 한 돈이죠. 그린백에는 법정 통화 지위가 부여되었습니다. 이는 연방 정부가 고갈된 금속 통화 없이도 군인 봉급과 전쟁 물자 대금을 지급하고 전비를 조달할 수 있게 만든 획기적인 조치였습니다.

당대의 반응과 논란

"이게 돈이야?" 미국인들은 처음 등장한 종이 화폐를 쉽게 신뢰하지 못했습니다. 사람들은 종잇조각이 금화나 은화와 동일한 가치를 지닌다는 사실을 믿지 않았습니다. 가급적 그린백을 받는 즉시 금속 주화로 바꾸려 했습니다.

금융업계와 보수적 경제 전문가들은 담보 없는 지폐 남발이 경제 파탄을 가져올 것이라고 예상했습니다. 실제로 법화법 통과 당시 다수의 은행가들은 정부 지폐에 대한 신뢰 부족으로 경제에 치명적 타격이 불가피하다고 경고했습니다.

의회 내에서도 화폐 체제 붕괴를 우려하는 목소리가 컸습니다. 야당인 민주당은 그린백 발행을 정부의 도덕적 타락으로 규탄했습니다. 1863~1864년 인플레이션으로 물가가 급등하자 민주당은 그린백을 향락 및 부패와 동의어라며 공화당을 공격했죠. 일부 반대파는 노예 해방을 추진하던 공화당을 조롱하기 위해 그린백을 "폐지주의자의 누더기(Abolition rags)"라고 부르기도 했습니다.

누가 돈에 가치를 부여하는가?

연방 정부의 불환 지폐 발행 권한에 대한 위헌 논란도 거셌습니다. 남북 전쟁 중 긴급 조치로 시행되긴 했으나, 금이나 은 없이 종이돈에 법정 통화 효력을 부여하는 것이 헌법상 허용되는지 의문이 제기되었습니다. 누가 무슨 권한으로 종이에 돈의 가치를 부여하냐는 것이었죠. 당시에는 국가조차도 돈에 법적인 가치를 부여하는 것에 거부감이 있었습니다. 돈(지폐)은 오로지 금 또는 은의 교환권이어야만 했습니다.

이러한 논쟁은 결국 전쟁 후 연방 대법원으로까지 넘어갔습니다. 1870년 대법원은 그린백 법정 통화 조항이 "헌법에 위배된다."는 첫 판결을 내렸습니다. 전시에 임시로 그린백을 발행했지만, 정부가 평시에 돈을 마음대로 찍어서는 안 된다는 것이 당시 대법원의 판단이었습니다.

남북 전쟁 후 연방 대법원이 그린백 발행이 위헌이라고 결정을 내릴 때, 대법원장은 누구였을까요? 그린백 아이디어를 낸 체이스 본인이었습니다. 체이스는 재무장관을 거쳐 남북 전쟁 후에는 대법원장으로 봉직하고 있었습니다. 자신이 낸 아이디어로 탄생한 그린백에 위헌 판단을 내린 셈입니다. 체이스 자신은 그린백을 합헌이라고 생각했더라도 대법원의 다른 판사들은 생각이 달랐습니다. 어쩔 수 없이 체이스는 위헌 판결에 사인했습니다.

그러나 이듬해 율리시스 그랜트 대통령이 새로운 대법관들을 임명한 후 그린백에 대한 재심을 요청했습니다. 연방 대법원은 1871년 재심에서 그린법 위헌 판결을 5대 4로 뒤집었습니다. 전시의 합법적 긴급조치로써 법정 통화 발행은 합헌이라고 본 것입니다. 전시라는 조건이 붙었지만, 연방 정부는 필요하다고 판단하면 금 또는 은 없이도 달러를 찍을 수 있는 합법적인 권한을 갖게 되었습니다.

미국 금융 시스템의 변화

그린백 발행으로 북부 정부의 재정 압박은 상당 부분 해소되었습니다. 1862년 이후 남북 전쟁이 끝날 때까지 연방 정부는 누적 약 5억 달러 상당의 그린백 지폐를 찍어냈습니다. 이는 남북 전쟁 당시 전체 북군 경비의 약 15퍼센트를 충당한 규모였습니다. 그린백을 통한 유동성 공급은 전시 북부 경제에 활력을 불어넣어, 정부가 적시에 비용을 지불하고 상거래를 유지하는 데 기여했습니다.

부작용도 있었습니다. 통화량 급증으로 인플레이션이 나타난 것입니다. 그린백 남발에 따라 물가가 급등해 북부의 연간 인플레이션율이 1862년에 약 14퍼센트, 1863~1864년에는 25퍼센트에 달했습니다. 급격한 물가 상승을 억제하기 위해 에이브러햄 링컨 행정부와 의회는 미국 최초의 소득세 도입과 주류·담배 등에 대한 소비세 인상 등의 조치를 병행했습니다.

체이스 재무장관은 미국의 금융·통화 시스템을 근본적으로 재편했습니다. 그린백 도입으로 연방 정부 차원의 단일 통화가 처음으로 등장했기 때문입니다. 1863~1864년에 제정된 전국은행법(National Banking Acts)과 맞물려 전후 미국은 중앙집권적 국가 통화 체제로 전환되었습니다. 남북 전쟁 이전까지만 해도 미국에는 1600여 개에 달하는 주(州) 은행들이 난립하며 수천 종 이상의 은행권이 유통되는 화폐 혼란이 있었습니다.

전쟁 후에는 연방 정부가 발행하고 보증하는 지폐로 통일되어 화폐의 신용과 안정성이 향상되었습니다. 연방 차원의 국립 은행들도 전국적으로 설립되며 분열되어 있던 금융 시스템을 통합하는 역할을 했습니다.

금 본위와 그린백

그린백 발행이 촉발한 통화에 대한 논쟁은 전쟁 이후에도 오랫동안 계속되었습니다. 남북 전쟁 이후 미국 정계에서는 금 본위로의 복귀 여부와 통화 팽창 문제를 둘러싸고 그린백파(Greenbackers)와 금화주의자(Goldbugs) 간의 갈등이 수십 년간 지속되었습니다.

1879년 연방 정부가 금 태환(달러 가치를 금으로 보장)을 재개한 후에도 이러한 화폐 논쟁은 쉽게 사그라들지 않았죠. 결국 그린백으로 상징되는 정부의 화폐 발행권은 되돌릴 수 없는 시대의 흐름이 되었습니다. 이후 미국 금융 체제는 오늘날 우리가 보는 중앙은행 체제로 발전할 수 있었습니다. 1971년 닉슨 대통령은 달러의 금 태환을 중단하는 조치를 내렸습니다. 체이스가 최초로 만든 그린백으로 되돌아간 것입니다.

비트코인 전략 비축의 숨은 뜻

대통령님, 반드시 은행을 통해서만 금융 거래를 해야 하고, 반드시 하나의 돈(법정 화폐)만 써야 한다는 것은 고정관념입니다. 미국 역사의 특정 시기에는 다양한 돈이 존재했고, 은행을 감시하는 은행의 은행, 중앙은행이 존재하지 않았습니다.

물론 멋대로 돈을 찍는 은행이 사기를 치고 야반도주를 하는 경우도 많았습니다. 은행이 난립하면서 경제가 불안정해지도 했습니다. 대공황이 덮쳐왔고, 이걸 수습하려고 연준이 만들어진 것도 사실입니다. 연준이 최종 대부자로서 돈의 가치를 보증함으로써 혼란을 잠재웠습니다.

국가가, 중앙은행이, 금융 활동의 모든 것을 컨트롤하면 문제가 없어질 줄 알았습니다. 그러나 그렇지 않았습니다. 돈이 필요 이상으로 많이 발행되면서, 주기적으로 인플레이션이 경제를 습격했습니다. 연준이 급하게 돈 줄을 조이면, 경기가 곤두박질쳤습니다. 일자리를 구하지 못해 빈곤이 사회 문제가 되기도 했습니다.

미국 경제는 월스트리트와 메인스트리트로 구분됩니다. 돈의 생리를 아는 월스트리트는 불패 신화를 썼습니다. 투기적으로 돈을 굴리다가 망하면 연준이 도와줬습니다. 그리고 다시 살아나서 두둑한 보너스를 챙겼습니다. 연준의 구제 금융은 다 국민 세금입니다. 그 사이 메인스트리트는 돈이 너무 없어서, 또는 돈이 너무 많아서 고통받았습니다. 이 모든 것이 화폐 때문에 생긴 문제입니다. 그러니 그 화폐 관리를 특정 집단에 맡겨서는 곤란하다는 생각을 하게 된 겁니다. 특히 중앙화된 연준이 누군가의 입김에 따라 움직이면서 그 누군가의 이해관계에 매몰되는 것이 아닌가 비판을 받아왔습니다.

트럼프는 기존 금융 시스템의 사악한 구조를 파고들었습니다. "메인스트리트 차례다."라는 말은 '월가 기득권은 지금까지 배불리 먹었으니, 이제는 좀 참아. 제조업과 다른 산업들도 너희만큼 잘 먹고 잘 살아야지.'라는 말입니다. 트럼프는 미국의 돈인 달러가 강한 힘을 가져야 한다는 점에는 동의하면서도 달러를 다루는 방법에 대해서는 변화를 주려고 합니다. 달러 기축 통화의 과도한 힘을 좀 빼고 새로운 금융, 새로운 자산에 기회를 주려고 합니다.

트럼프가 본 새로운 시장이 바로 디지털 자산 시장입니다. 트럼프는 집권 제1기 당시만 해도 비트코인을 무시했습니다. 달러가 최고이며, 달러의 힘을 빼려는 음모라는 식으로 비트코인을 몰아붙였습니다. 당시에는 중국이 세계 최대 비트코인 채굴 국가였습니다. 중국은 2018년 무렵부터 암호화폐를 불법화했습니다. 비트코인 채굴도 금지했습니다. 중국의 채굴업자들은 미국 텍사스, 캐나다, 동부 아프리카 등으로 이동했습니다. 트럼프가 물러나고 팬데믹 위기가 왔을 때 미국은 이미 세계 최대 비트코인 채굴 국가가 되어 있었습니다. 텍사스의 남아도는 전기를 이용해서 기업 규모로 채굴 활동이 이뤄졌습니다. 채굴 기업들이 속속 뉴욕 증시에 상장했고, 암호화폐 시장 규모도 커졌습니다.

트럼프가 재선 도전에 나설 즈음 암호화폐 시장은 1조 달러 규모로 성장해 있었습니다. 비트코인을 추종하는 미국 유권자들은 정치적으로 '자유'를 중시합니다. 중앙 정부가 내 삶에 관여하는 것을 싫어합니다. 트럼프의 보수적인 공약, 작은 정부, 기득권을 보호하는 민주당에 대한 반감이 상호 작용을 일으키면서 트럼프에 대한 지지로 연결되었습니다.

트럼프 입장에서도 기존 산업, 기존 금융이 기득권화되어 있다면 그 밖에 있는 다수 유권자들에게 다가가는 방법으로 암호화폐를 이용할 만한 가치가 있었습니다. 마침 머스크 등 페이팔 마피아 대부분이 암호화폐 비즈니스에 연결되어 있기도 했고요. 비트코인과 암호화폐를 탄압한 민주당에 대한 반감이 실리콘밸리에 팽배했으니까요. 트럼프가 친 암호화폐 정책을 내세우자 지지자를 쉽게 모을 수 있었습니다. 미국의 채굴 기업들은 트럼프에게 선거 자금을 몰아줬습니다. 이때 나온 공약이 "메이드 인 유에스에이 비트코인(Made in USA Beatcoin)."입니다. 비트코인을 모조리 미국에서 채굴하자는 이야기입니다.

비트코인은 프로그램에 의해 채굴될 코인의 양이 2100만 개로 정해져 있습니다. 유한 자원이기 때문에 가치를 보전하는 특성을 가집니다. 비트코인을 채굴하기 위해서는 전기 에너지와 컴퓨터 연산력을 투입해야 합니다. 손에 잡히지 않는 에너지를 네트워크와 코인에 집적시켜서 물질화하는 기능이죠. 비트코인 채굴 기업들이 텍사스에 몰려든 것은 전기 에너지를 저렴하게 쓸 수 있기 때문입니다. 텍사스 입장에서는 한여름과 한겨울 전력 수요가 많을 때를 대비해 전력망을 충분히 갖춰야 하는데, 평소에는 전력을 다 쓰지 않습니다. 유휴 전력을 채굴에 투입함으로써 전력망 효율성을 높였습니다. 전기를 급하게 써야 할 때는 채굴을 잠시 중단합니다. 트럼프는 에너지의 집적이라는 원리를 간파했습니다. 산업으로 가치가 있다고 본 것이죠.

트럼프는 비트코인이 가치를 보전한다는 면에서 금과 같다고 보고, 국가 전략 비축이라는 아이디어를 실행에 옮겼습니다. 이 공약이 대 히트를 쳤죠. 미국은 기축 통화 달러를 보조할 다른 자산이 필요했습니다. 금이 부분적으로 그러한 역할을 할 수 있지만, 시장을 놀라게 할 다른 새로운 자산을 찾아야 했습니다. 트럼프가 수행할 관세 전쟁의 파급력을 생각하면 그런 자산을 미리 확보하는 것이 더욱 절실했습니다. 트럼프는 비트코인에서 그 가능성을 본 것입니다. 미란 보고서와 〈프로젝트 2025〉가 이론적 논리를 제공했습니다. 비트코인은 기존 금융권과도 일정한 거리가 있었기 때문에 트럼프가 이슈를 선점하면 별다른 저항 없이 정책을 수행할 수 있습니다. 트럼프가 비트코인을 준비 자산으로 택일한 것은 그야말로 '신의 한 수'입니다. 트럼프 협상 전략은 상대가 예측할 수 없는 제안을 하는 것입니다. 상대가 이미 알고 있는 것으로는 그들을 굴복시킬 수 없습니다.

대통령님, 관세 협상에서 우리가 제시할 수 있는 전혀 뜻밖의 카드가 한 장 더 있습니다. 북한입니다.

HOW TO DEAL WITH

6장

트럼프와 북한: 약점을 조커로 쓰십시오

DONALD TRUMP

미란 보고서도 그렇고, 〈프로젝트 2025〉도 그렇고, 트럼프 대통령 취임 이후 백악관에서 나오는 목소리들은 공통적으로 경제 무역 문제를 안보 문제와 동일선상에 놓습니다. 트럼프 대통령이 한국에 보낸 첫 메시지도 "원스탑 쇼핑"이었습니다. 한미 간에 방위비 협상은 이미 2024년에 끝났고, 의회에서 인준까지 받아 예산에 반영이 되어 있습니다. 그런데 트럼프 대통령은 관세 협상과 방위비 분담 문제를 패키지로 묶어서 논의 테이블에 다시 올리겠다는 태도입니다. 원스탑으로요. 한꺼번에요.

트럼프가 한반도 문제를 어떻게 끌고 갈 것인지는 대충 짐작이 갑니다. 지난 집권 제1기 때 우리는 트럼프 방식을 똑똑히 봤습니다.

트럼프는 처음에 김정은과 각을 세워 거친 말싸움을 하더니, 나중에는 "스트롱맨"이라며 치켜세우고 두 차례 회담도 가졌습니다. 판문점 평화의 집에서는 휴전선상에서 김정은과 나란히 사진을 찍는 연출도 했죠. 남는 것은 없었습니다. 트럼프와 김정은은 "노 딜"을 선언했습니다. 북한은 화가 났지만, 얻은 것도 없고, 잃은 것도 없기에 자기 갈 길을 그냥 갔습니다. 열심히 핵무기를 만들었습니다.

트럼프는 백악관에 다시 들어가자마자 북한에 대해 "뉴클리어 파워(Nuclear Power)"를 가지고 있다고 말했습니다. 외교적으로 이 말이 뉴클이어 스테이트(State)와는 다른 것이라고 하더군요. 핵무기를 기준으로 보면 지구상에 있는 나라는 둘로 나눌 수 있습니다. 핵무기가 있는 나라와 핵무기가 없는 나라. 미국, 영국, 프랑스, 러시아, 중국은 5대 뉴클리어 스테이트입니다. 핵무기를 전략화한 국가죠. 인도, 파키스탄, 이스라엘은 특수한 핵 보유 3국으로 분류합니다. 미국은 5개 뉴클리어 스테이트는 핵 국가로 인정하지만, 나머지 3국은 눈감아 주는 정도의 대우를 합니다. 북한이 그 세 나라의 반열에 살짝 걸친 모양새입니다.

미국과 일본이 1985년 플라자합의를 할 때 일본이 도장을 찍은 다른 배경으로 핵우산 제공을 말씀드렸죠. 우리도 늘 미국과 뭔가 협상을 할 때 핵우산, 핵 억지력 이런 단어에 발목이 잡힙니다. "까짓거 이럴 바에 우리도 핵을 개발해?" 이런 말을 하는 정치인들도 있죠. 미국 핵 정책의 기본은 확산 금지입니다. 아무리 우방이고 동맹이라도 핵 국가가 늘어나는 것을 용인하지 않습니다. 따라서 우리가 핵을 개발한다고 하면 미국과 '헤어질 결심'을 하지 않는 한 어렵다는 것이 중론입니다.

미국이 경제 무역 문제를 안보와 연결시키는 한 우리는 한 수 접고 들어갈 수밖에 없습니다. 그럼 우리나라와 미국, 우리나라와 북한, 미국과 북한 사이에 국방 안보 비용은 얼마나 들까요? 저는 국방 안보 분야 전문 기자가 아닙니다. 경제 전문 기자로서 늘 궁금한 부분이 있었습니다. 기업들은 인수합병으로 몸집을 불리고, 신사업에 진출하는 경우가 흔합니다. M&A(Merger and Acquisition)입니다. 국방 안보에 M&A나 투자 개념을 넣으면 어떻게 될까 생각해 본 겁니다. 우선 우리나라와 미국 사이의 군사 분야 거래 규모를 짐작해 보려고 합니다.

전쟁과 평화 그리고 돈

우리나라 1년 국방 예산은 61조 원 정도입니다. 이 중 인건비가 23조 원 가량 됩니다. 첨단 무기에 돈을 훨씬 많이 쓸 줄 알았는데 아닙니다. 인건비 비중이 37퍼센트나 됩니다. 미국의 국방 예산은 1조 달러가 넘는다고 합니다.

우리나라가 미국에서 들여오는 무기 수입 비용은 대략 얼마나 될까요? 윤석열 정부가 출범한 첫해에 미국에서 18조 원어치 무기를 샀다는 보도가 있습니다. 국가 방위를 위해 전투기, 미사일 사는 거니까 아깝지는 않습니다.

문재인 정부 5년 동안 남북협력기금에서 쓴 돈이 4300억 원이라는 보도도 있습니다. 남북협력기금과 무기 구입비를 동일선상에 놓을 수는 없을 겁니다. 남북협력기금이 남북 화해를 위해 전액 쓰인다고 하더라도 말이죠. 예를 들어 대차대조표를 작성할 때 차변과 대변에 동등한 자격으로 기입할 항목은 아니라는 뜻입니다. 계정 자체가 다릅니다. 금액 차이가 40배 이상 나도 이상할 것은 없습니다.

여기서 상상력을 좀 넣어보겠습니다. 국방 군사는 전혀 모르는 경제 기자의 입장이니 이해해 주시면 좋겠습니다. 만약 미국에서 사오는 무기를 10퍼센트 줄이고, 남북협력기금을 10퍼센트 늘리면 한반도의 군사적 긴장도가 어떻게 변할까요?

금융 시장에는 가격 변동성이라는 것이 있습니다. 시장 분위기가 좋아서 주가가 강하게 오를 때 어떤 주식은 천천히 오르고, 어떤 주식은 훨씬 빠르게 올라갑니다. 투자자 입장에서는 변동성이 큰 주식을 사야 기회를 최대한 활용할 수 있습니다. 마찬가지 원리로 무기를 사고, 국방을 튼튼하게 했을 때 내가 얻을 것과 평화 노력을 강화했을 때 내가 얻을 것 중 변동성이 더 큰 게 뭘까요? "국방비 지출을 주식 투자와 비교하다니. 무엄하다."고 나무라실 수도 있지만, 지금 저는 철저하게 계산적으로 사고 실험을 해보는 중입니다.

더 극단적으로 가볼까요? 미국이 우크라이나 전쟁에 투입한 비용은 트럼프 대통령에 따르면 3000억 달러입니다. 트럼프 대통령이 어떤 근거로 3000억 달러라고 하는지 모르겠다는 것이 외신들의 보도입니다. 젤렌스키가 백악관에서 문전박대를 당한 이유는 광물 협정 때문이죠. 미국과 우크라이나가 광물 협정을 맺고, 그걸 개발했을 때 미국이 얻을 것으로 기대되는 이익은 5000억 달러라고 합니다. 두 나라가 광물 개발로 만들 기금이 5000억 달러이고, 이중 일부를 우크라이나 재건에 쓴답니다. 재건 사업에 미국 기업 또는 미국이 지정한 기업들이 들어갈 테니 이 기금은 사실상 미국 것이죠.

3000억 달러를 '투자'해서 5000억 달러 '수익'을 얻어가는 거니까, 미국의 우크라이나 전쟁 지원은 남는 장사입니다. 저는 미국을 욕할 생각이 하나도 없습니다. 전쟁은 돈이 됩니다. 우리나라도 박정희 정권 시절에 베트남전에 참전해서 국군이 피 흘리며 벌어온 돈으로 경제 개발했습니다. 베트남 국민들이 보면 국군은 용병이죠. 전쟁은 당사자들에게 참혹한 비극이지만, 주변에서는 돈을 벌 기회입니다. 잔인하고 냉정한 비즈니스죠. 전쟁으로 이익을 취하려는 트럼프를 비난할 생각은 없습니다.

우크라이나 정치인들에 대해서는 비판을 좀 해야겠습니다. 전쟁이 없었다고 가정해 보죠. 미국과 우크라이나가 평화 상태에서 광물 협정을 맺고 공동 개발을 했다면 5000억 달러에서 적어도 절반은 우크라이나 몫이 되었을 겁니다. 이익 배분 비율 자체가 많이 달라졌을 겁니다. 미국의 군사 지원이라는 변수가 없었다면 우크라이나가 6 또는 7 어쩌면 8을 가져갔을 수도 있습니다. "침공한 것은 러시아인데, 피해자인 우크라이나에게 왜 뭐라고 하느냐."고 하실 수 있습니다. 그러면 전쟁에서 이기든가요!

"전쟁은 너무나 중요해서 군인들에게만 맡겨놔서는 안 된다. 전쟁은 최고 난이도의 정치적 의사 표현이다." 군사학의 기본 중 기본입니다. 우크라이나 정치인들이 전쟁과 평화 시에 각각의 경우 발생하는 경제적 비용과 인적 물적 피해를 조금이라도 더 깊이 생각했다면 저는 이 전쟁의 양태가 달라졌을 것이라고 믿습니다. 어쩌면 전쟁 자체가 일어나지 않았을지도 모릅니다.

역사에 가정이 무슨 소용입니까. 이미 전쟁은 일어났고 피해는 막대합니다. 트럼프는 바이든처럼 퍼주기 식으로 우크라이나를 도와줄 생각이 없습니다. 유럽에 손을 벌려야 하는데, 유럽 각국도 제 코가 석자 같습니다. "우크라이나가 되지 않기 위해서라도 자력으로 방위력을 키워야 해." 맞는 말입니다. 그러나 아까 제가 시도했던, 주식 투자에 사용되는 변동성 효용을 생각해 주시면 좋겠습니다.

전쟁에는 돈이 듭니다. 평화에도 돈이 듭니다. 어느 쪽에 '투자'를 하는 것이 더 효용이 높은지 냉정하게 판단하셔야 합니다. 대한민국의 경제력이면, 대한민국의 기술력이면 미국이 아무리 뭐라고 해도 핵무장, 그까짓 거 못하겠습니까. 핵무장을 했을 때 일어날 한반도 주변의 지정학적 변동성, 경제적 파급 효과, 북한의 반발 크기 등을 철저하게 고려해서 '투자 결정'을 하는 게 책임 있는 국가 지도자의 자세가 아닐까 합니다.

북한은 문젯거리입니다. 돈이 많이 드는 문젯거리. "민족 통일 문제를 너무 돈으로만 본다."고 하신다면, 남북 당사자는 물론 한반도 주변 미·일·중·러 4강이 찍소리 못할 통일 방안이 왜 아직까지 나오지 않은 것일까요? 돈의 관점에서 솔직하게 이 문제를 보지 않았기 때문입니다. 역대 국가 지도자 누구도 북한 문제를 경제적 관점에서 시작해 근본적인 해결까지, 로드맵을 제시한 분이 없습니다. 무슨 선언, 어떤 구상은 있었지만요. 솔직히 하나도 기억에 남는 게 없습니다. 그나마 김대중 대통령이 개성공단으로 눈에 보이는 성과를 냈으나, 이 역시 주변 정세가 바뀌면서 도로아미타불이 되었습니다. 박근혜 대통령은 통일 대박론을 펼쳤지만, 구체화되거나 현실화된 것은 거의 없었습니다. 문재인 대통령은 트럼프와 김정은을 무대에 올리는 연출까지는 잘했는데, 단막극으로 끝났습니다.

대통령님, 북한 문제를 트럼프와 상의하실 때 완전히 다른 접근법을 써보시면 어떨까요? 어차피 트럼프는 방위비와 관세 문제를 연결 지을 테니까요. 돈을 더 내라고 하겠죠. 그 돈으로 북한 핵무기를 M&A하겠다고 하시는 겁니다.

국방에도
공유 경제를

경제 기자로서 궁금했던 또 한 가지는 '북한이 핵 개발을 하는데 돈을 얼마나 썼을까? 그걸 유지하는 데는 비용이 얼마나 들까?'입니다. 기사 검색을 해보면 북한이 9억~16억 달러 정도를 쓴다고 나옵니다. 핵폭탄을 탑재할 탄도미사일, 순항미사일, 잠수함은 별도겠죠. 북한도 어지간히 '투자'를 많이 하는 겁니다. 북한의 경제 사정을 감안하면, 지속적으로 감당이 될까 하는 생각도 들어요. 북한에는 암호화폐 해킹을 해서 돈을 버는 조직이 별도로 있다고 알려져 있습니다. 디지털 자산 시장에서 악명이 높죠. 이걸 차단해야 무기 만드는 것도 막을 수 있을 것 같습니다.

디지털 기술, 컴퓨터 기술은 누가 어떻게 쓰느냐에 따라 돈이 되기도 하고, 흉기가 되기도 합니다. 북한을 '우리'라는 단어로 묶어야만 한다면 인간적으로는 정말 안타까운 일이 아닐 수 없습니다. 같은 민족이 왜 그 좋은 기술을 그따위 일에 쓰는지.

만약 남북을 너는 너, 나는 나로 냉정하게 생각하고, 그래서 각자가 원하는 것을 얻고 각자의 길을 가는 비즈니스 관계로 본다면 어떨까요. 지금부터 제가 드리는 제안도 고민해 보시면 어떨까 합니다.

2017년 양우석 감독이 연출한 〈강철비〉라는 영화가 있습니다. 북한에서 쿠데타가 발생해 북한 최고 지도자가 부상을 입고 남한으로 피신하면서 벌어지는 남북한 긴장과 전쟁 위기를 그린 액션 스릴러입니다. 영화는 북한의 전직 정찰총국 요원 엄철우(정우성 분)가 갑작스러운 북한 내 쿠데타 상황 속에서 부상을 당한 북한 지도자와 함께 남한으로 넘어오게 되는 사건으로 시작됩니다. 남한의 청와대 외교안보수석 곽철우(곽도원 분)는 북한 지도자의 존재를 알고, 한반도 전쟁 위기를 막기 위해 엄철우와 협력하며 비밀리에 사태를 수습하려 노력합니다. 이 과정에서 미국과 중국 등 주변 강대국들이 개입하고, 남북 간의 긴장이 극단적으로 고조됩니다. 엄철우와 곽철우 두 사람은 서로 다른 입장과 이념적 차이를 뛰어넘어 한반도의 평화를 지키기 위해 고군분투합니다.

정우성과 곽도원 배우의 비주얼과 연기력, 시의적절한 시나리오 덕분에 흥행한 영화입니다. 개봉 시점이 2017년 12월이었습니다. 트럼프 대통령이 "북한을 완전히 파괴해 버리겠다."고 하자, 김정은이 "망발에 대한 댓가를 치를 것"이라고 설전을 벌일 때입니다. 금방이라도 뭔 일이 나는 거 아니냐, 걱정을 많이 했습니다. 이듬해 두 사람은 악수를 했지만요.

영화의 결말 부분에서 저는 무릎을 탁 쳤는데요. 여차저차 북한의 핵폭탄이 남측으로 '공유'되는 것으로 끝납니다. 주인공들에게 어떤 일이 일어나는지는 스포일러이니 더 말씀드리지 않겠습니다.

북한이 만든 핵폭탄을 남한이 공유한다? 북한 핵무기를 돈 주고 사버리면 어떨까 평소에 생각하던 것과 비슷해서 오래 기억에 남았습니다. 얼마 전 저희 신문사가 컨퍼런스를 주최하면서 연사로 양우석 감독을 모셨습니다. 양우석 감독과 이런저런 이야기를 나누다가 〈강철비〉의 결말에 대해 물어봤습니다. 양 감독의 짧은 답변 취지는 이거였습니다. '남북 대립과 핵 문제를 평화적으로 풀려고 한다면 핵폭탄을 (이렇게라도) 가질 각오가 있어야 한다.'

핵무기 M&A

저는 북한 핵무기를 M&A하면 좋을 것 같습니다. 북한이 핵무기를 갖게 된 정치적 배경, 군사적 이유 등은 생각하지 않으렵니다. 대통령님 주변의 전문가들이 다 분석을 했을 테니까요. 경제적 가치만 따지겠습니다. 핵무기 M&A는 정확히 말하면 통제권을 사오는 겁니다. 단추를 두 개 만들어서 남과 북이 동시에 단추를 누르지 않으면 핵무기를 쓸 수 없게 하자는 겁니다. 남은 그 대가로 북에 '상당한 규모'의 금전적 보상을 합니다. 대신 그 돈에 꼬리표를 붙입니다. 남과 북이 합의한 곳에만 돈을 쓸 수 있고, 돈의 흐름을 감시합니다. 금전적 보상은 일시불이 아니라 분할 지급입니다. 핵무기 관리에 들어가는 유지관리비도 포함합니다. 남한 입장에서는 북한 핵무기에 대한 50퍼센트 주주권을 행사하는 겁니다.

'남을 공격하려고 만든 핵을 과연 북이 내어줄까?' 북이 솔깃할 '상당한 액수'를 제시하면 불가능하지 않다고 생각합니다. 만약 북이 거절하면 "이 돈으로 남이 핵무기를 만들 거라는 생각은 안 하니?" 하며 반 협박으로 나갑니다. '남이 같이 단추를 누를 때에만 핵무기가 작동한다면 무용지물이 아닌가?' 맞습니다. 무용지물입니다. 북은 유사시에 남쪽으로 핵을 날리겠지만, 진짜 타깃은 미국, 덤으로 일본이 목표물이죠. 미국과 일본은 우리의 동맹입니다. 그러나 북한과 미국, 북한과 일본이 어떤 극단적인 일로 사이가 틀어졌을 때, 우리가 미국 편이 될지 북한 편이 될지 모호한 상태가 된다면 어떨까요? 미국과 북한이 상을 뒤엎고 한판 뜨려고 할 때 그 상다리의 한쪽을 우리가 잡고 있으면 싸움이 상당 부분 억제될 겁니다.

미국은 한국에게 그러겠죠. "야, 우리는 친구잖아. 동맹이잖아. 넌 항상 내 편을 들어줘야지." 맞습니다. 한국은 미국 편을 들 겁니다. 그러나 북한도 우리에게 큰 비용을 발생시키는 존재입니다. 그러니 미국에게 이렇게 대답해 주는 겁니다. "북한하고는 되도록 싸우지 않는 게 좋죠. 서로 교류도 하시고, 무역도 하시고. 트럼프 대통령님이 좋아할 금강산 관광지 개발도 같이 하시죠. 한국은 미국 편입니다. 하지만 핵 단추는 저희가 하나 가지고 있을게요. 둘이 싸우다가 상을 뒤엎으면 안 되니까."

미국 입장에서는 한국이 자신들의 핵우산에서 이탈하는 것이고, 사실상 핵 확산 금지 규칙을 어긴 것으로 볼 수 있습니다. 한국으로서는 할 말이 있습니다. "그러면 우리가 자체 핵무장을 해요? 그건 또 안 되잖아요? 벌써 20년째 한반도 비핵화는 말뿐이잖아요. 미국도 솔직히 힘들죠? 주한 미군에 들어가는 돈도 만만치 않고. 그 비용을 줄여드린다니까요. 북한이 경거망동 못하게 핵 단추는 제가 같이 쥐고 있을게요."

북한 입장에서는 고생고생하며 핵폭탄을 만들었더니, 남한이 동의해야만 쓸 수 있으니 없는 것이나 마찬가지로 볼 수 있습니다. 한국으로서는 또 할 말이 있습니다. "어차피 핵을 쓰면 너도 죽고, 나도 죽어. 핵은 원래 쓰지 못하는 무기야. 존재로만 기능하지. 핵 보유 자체는 인정해 줄게. 미국도 인정하게 해줄게. 핵 개발 비용 플러스 알파에 해당하는 돈도 줄게. 대신 핵 단추만 나눠 달라니깐?"

북한이 우리한테 얼마나 큰 금전적 보상을 원할지는 협상을 해봐야 하겠죠. 개발 비용이 어느 정도인지, 유지비가 어느 정도인지는 어렵지 않게 계산할 수 있을 겁니다. M&A를 할 때는 경영권 프리미엄을 붙여주는데, 그게 문제가 되겠죠. 양 감독 말씀처럼 평화를 위해 핵을 가져야만 한다는 결기를 돈으로 환산할 수 있다면 그 범위 내에서 협상을 해봄 직합니다.

북한이 지금처럼 저러고 있는 한 우리와 미국 사이에는 대등한 협상이 어렵습니다. 방위비를 놓고 옥신각신할 것이고, 점점 더 많은 돈을 내야 할 겁니다. 트럼프는 우리보고 돈을 더 내라고 노골적으로 말합니다. 북한 김정은도 핵만 믿고 계속 우리를 괴롭힐 겁니다. 말을 들어 처먹질 않죠. 북한 핵을 M&A하는 비용과 미국에 지불해야 할 방위비 중 평화를 가져오는 더 높은 효용을 주는 쪽으로 선택을 하자는 겁니다. 같은 민족이고, 피를 나눈 동맹이고 다 잊고 깔끔하게 비즈니스 대 비즈니스로!

싸우지 않고 이기는 길

대통령님, 북한을 카드의 조커라고 생각하시면 핵무기 M&A가 이해되실 겁니다. 북한은 우리가 미국과 같이 살아가는 데 필요한 비용 요소로만 보였습니다. 그러나 트럼프가 동맹이라는 가치보다는 경제적 실질을 중시하기로 정책을 바꾼 이상 우리의 대응도 달라져야 합니다. 조커는 내가 원하는 것으로 카드 모양을 바꾸는 옵션입니다. 이 카드는 북한에게 보여줄 때는 이렇게, 미국에게 보여줄 때는 저렇게 바뀝니다. 내가 조커를 들고 있기 위해서는 비용이 듭니다. 조커를 유지하는 데 드는 비용이 미국에서 오는 통상 압력을 상쇄할 정도라면 충분히 돈값을 하는 겁니다. 북한에서 오는 군사 압력을 상쇄할 정도라면 여하튼 돈값을 하는 겁니다. 우리가 핵 단추의 한쪽을 들고 있으면 우리는 미국의 친구이기도 하고, 어쩌면 아니기도 합니다. 우리는 북한의 친구일 수도 있고, 아닐 수도 있습니다. 미국과 북한이 상을 뒤엎고 싸우지 않도록, 서로 이기는 길을 찾을 수 있도록 우리가 역할을 하는 겁니다.

북한에 주는 금전적 대가를 어떻게 컨트롤하고, 추적하느냐고요? 그 돈으로 몰래 핵폭탄을 또 만들면 어떻게 하느냐고요? 스마트 컨트랙트(Smartcontract)라는 기술이 있습니다. 블록체인 기술인데요, 이걸 쓰면 됩니다. 돈을 꼭 써야 할 곳에만 쓰도록 만들 수 있습니다. 대통령님, 저한테도 남는 게 있어야죠. 이 부분은 자문료를 주시면 따로 상세하게 말씀드리겠습니다.

백악관 입장 전
마지막 체크

도널드 트럼프라는 인물이 어떻게 생각하고 행동하는지, 그리고 그의 전략과 본질이 무엇인지 이해하는 것이 다가올 관세 협상에서 승리를 끌어내는 핵심입니다. 트럼프는 전형적인 겜블러이며 승부사입니다. 그는 블러핑과 예측 불가능성을 전략으로 상대를 압도합니다. 대통령님께서는 바로 이 점을 역으로 이용하셔야 합니다.

첫째, 트럼프는 자신의 약점을 강점으로 변환하는 데 탁월한 능력이 있습니다. 그가 처했던 사법적 위기를 오히려 선거 전략으로 전환한 사례를 보십시오. 트럼프는 머그샷을 NFT로 만들어 정치 자금을 모금하며 자신의 정치적 입지를 더 굳혔습니다. 따라서 대통령님께서도 협상 과정에서 나타날 수 있는 위기 상황을 적극 활용하여,

대한민국에 유리한 협상 조건으로 이끌어 내실 수 있어야 합니다.

둘째, 트럼프의 협상 방식은 항상 상대방의 예상을 뛰어넘는 것입니다. 그는 협상 초기부터 상대에게 강력한 위협을 가하며 상상을 초월하는 수준의 강도를 제시합니다. 대통령님께서도 트럼프를 상대할 때 그가 예상하지 못한 전략적이고 창의적인 제안을 먼저 제시해야 합니다. 취임 직후 비행기를 타고 워싱턴으로 향하는 파격적인 행보가 트럼프에게 신선한 충격을 줄 겁니다. 이는 전통적인 외교 프로토콜을 뛰어넘는 방식으로 트럼프의 예측을 깨트리는 전략이며, 트럼프와의 관계에서 주도권을 쥐기 위한 첫 단추가 될 수 있습니다.

셋째, 트럼프는 철저히 이해관계에 따라 움직이는 인물입니다. 그는 젤렌스키 우크라이나 대통령과의 회담에서 가치 중심의 접근을 거부하고 철저히 실리적이고 경제적인 이익에 초점을 맞췄습니다. 대통령님께서 트럼프와 협상하실 때는, 양국의 이익이 명확히 드러나는 사업 제안으로 접근하는 것이 가장 효과적일 것입니다. 예컨대, 제주도의 유휴 전력을 활용한 암호화폐 채굴 사업이나 새만금에 테슬라 공장을 유치하는 방안 같은 구체적이고 실질적인 사업 계획이 필요합니다. 트럼프는 암호화폐 산업과 스테이블코인 등에서 강한 이해관계를 갖고 있으며, 이러한 이해관계를 대한민국의 전략적 자산과 결합하여 제안함으로써 미국과 대한민국의 이익을 동시에 증대시키는 협상을 이끌어 낼 수 있습니다.

넷째, 트럼프 주변의 연대 세력들을 적극 활용해야 합니다. 트럼프는 일론 머스크, 피터 틸 같은 기술과 자본의 연합을 바탕으로 권력을 군건히 하고 있습니다. 이들과의 개별적이고 전략적인 협상 또한 트럼프와의 협상을 용이하게 할 수 있는 중요한 수단입니다. 머스크에게 테슬라 코인을 이용한 새만금 자동차 공장 사업을 제안하십시오. 또한 페이팔 마피아 같은 실리콘밸리의 주요 투자자와 벤처 기업인들과 별도의 채널을 만들어 적극적으로 소통하고 협력 사업을 구체화하는 것도 중요합니다. 이러한 노력은 트럼프와의 직접 협상뿐만 아니라 미국 내 우호적인 여론 형성에도 큰 도움이 될 것입니다.

결론적으로, 트럼프를 다루는 최선의 방법은 그와 같은 게임을 하는 것입니다. 트럼프의 게임을 이해하고, 이를 뛰어넘는 재미가 있는 대통령님의 게임을 제안하십시오. 트럼프 개인과 미국, 대한민국의 이해관계를 동시에 충족할 수 있는 사업 제안을 만들어 협상 테이블에 올려야 합니다. 그 게임은 파격적이어야 합니다. 대통령님께서 적극적이고 창의적으로 접근할 때, 트럼프는 대한민국을 자신과 동등한 파트너로 인정하고 협상에 임할 것입니다.

대한민국 공군 1호기가 곧 착륙합니다. 대통령님, 엔조이 더 게임!

대통령님,
트럼프는 이렇게
다루셔야 합니다

불확실성을 넘어서는 새로운 경제 대전환 전략

초판 1쇄 인쇄 2025년 5월 16일
초판 1쇄 발행 2025년 5월 26일

지은이 제임스 정

발행인 선우지운 | **편집** 이주희 | **디자인** 공중정원 | **제작** 예인미술

출판사 여의도책방 | **출판등록** 2024년 2월 1일 제2024-000018호
이메일 yidcb.1@gmail.com

ISBN 979-11-992079-5-0 03320